ars vivendi®

REISEN

Kurzgeschichten

Sechs poetische Stimmen
Nach einer Themenidee von Franz Hohler
Herausgegeben von Rafik Schami

ars vivendi

Originalausgabe

1. Auflage Februar 2015
2. Auflage August 2015
© 2015 by ars vivendi verlag GmbH & Co. KG,
Bauhof 1, 90556 Cadolzburg
Alle Rechte vorbehalten
www.arsvivendi.com

Lektorat: Dr. Felicitas Igel
Umschlaggestaltung: Philipp Starke, Hamburg,
unter Verwendung eines Fotos von © plainpicture/Jasmin Sander
Druck: Legra, Krakau
Gedruckt auf holzfreiem Werkdruckpapier
Printed in the EU

ISBN 978-3-86913-498-7

Reisen

Inhalt

Statt eines Vorworts:
eine Einladung ... 9

Franz Hohler
Der Enkeltrick ... 11

Root Leeb
Fünf Frauen machen eine Reise ... 27

Monika Helfer
Sechs Geschichten ... 49

Michael Köhlmeier
Lange Nacht heim ... 87

Nataša Dragnić
Sandfluchten ... 123

Rafik Schami
Das Fremde und das Eigene ... 147

Nachwort des Herausgebers
Fass dich kurz, aber poetisch! ... 184

Die Autorinnen und Autoren ... 190

Statt eines Vorworts:
eine Einladung

Dieses Buch ist keine Anthologie, sondern eine neue Art, Texte zu inszenieren. Sechs Autorinnen und Autoren greifen einen Themenvorschlag auf und erzählen aus ihrer Sicht darüber. Es sind allesamt Liebeserklärungen an eine der feinsten Erzählkünste: die Kurzgeschichte.

Besuchen Sie die sechs Erzählbühnen. Dort warten Überraschungen auf Sie. Ich garantiere Ihnen große Unterhaltung. Ich war dort.

Rafik Schami

Franz Hohler
Der Enkeltrick

Der Enkeltrick

Die Frau, die vor der Wohnungstür stand, war eindeutig nicht die Postbotin, obwohl sie zweimal geklingelt hatte. Die Postbotin hatte blondes Haar, das zu einem Pferdeschwanz gebunden war, und die hier hatte krauses schwarzes Haar und dunkle Augen. Auch trug sie keine blaue Uniform, sondern eine rote Bluse und eine schwarze Lederjacke. »Frau Ott?«, fragte sie und lächelte.

Amalie Ott nickte. Sie musste zwar ab und zu mit Momenten kämpfen, in denen sie nicht mehr sicher war, wo sie gerade stand oder wohin sie gehen wollte und ob heute wirklich Sonntag war, wenn sie eine geschlossene Kirchentür vorfand, aber mit 88 Jahren sei so etwas nicht ungewöhnlich, hatte ihr der Hausarzt gesagt, und wichtig sei einfach, dass sie immer ihre Adresse bei sich trage, wenn sie das Haus verlasse.

Doch jetzt stand sie bloß im Türrahmen und nickte, denn so viel stand fest, sie war Amalie Ott.

»Was wünschen Sie?«, fragte sie die fremde Frau.

»Darf ich einen Moment hereinkommen?«, fragte diese. »Es ist vertraulich.«

Amalie schloss kurz die Augen und sah ihre zwei Töchter mit ihren Männern und ihren Groß- und Urgroßkindern, und sie riefen ihr im Chor zu: »Keine Fremden hereinlassen!«

Als sie die Augen wieder öffnete, stand die Frau in der roten Bluse immer noch da und schaute sie lächelnd an.

»Bitte«, sagte Amalie, »kommen Sie herein.«

»Das ist lieb von Ihnen«, sagte die Fremde, die bereits einen Fuß auf der Schwelle hatte.

»Wir gehen in die Küche«, sagte Amalie und ging vor der Frau her durch einen schwach beleuchteten Korridor in die Küche. Auf dem Tisch waren ein Teller mit einem halb gegessenen Stück Butterbrot mit Marmelade und eine Tasse, dahinter ein Glas mit Nescafé-Pulver.

»Setzen Sie sich«, sagte Amalie und wies auf den zweiten Stuhl, »ich bin spät dran mit dem Frühstück, möchten Sie auch einen Kaffee?«

»Danke«, sagte die kraushaarige Frau, »ich habe nicht viel Zeit. Ich bringe Ihnen eine Nachricht von Ihrer Enkelin.«

Wieder schloss Amalie kurz die Augen, und wieder sah sie den kleinen Familienchor. Fünf Enkel waren dabei, drei hochgeschossene junge Männer von der ersten Tochter, zwei mit ihren Frauen und zwei Urenkeln, ein etwas kleinerer Mann von der zweiten Tochter, und da stand rechts außen noch eine junge Frau, etwa dreißigjährig, mit einer Stupsnase und einem Bubikopf, die ihr zuwinkte.

»Von Cornelia?«, fragte Amalie, als sie die Augen wieder öffnete.

»Ja, von Cornelia«, sagte die Frau.

»Was ist mit ihr?«

»Sie ist in Not.«

Und die Fremde erzählte nun, dass Cornelia auf einer Reise in Rom verhaftet worden sei, weil sie für einen Freund ein Päcklein mitgenommen habe, in dem Drogen versteckt waren, natürlich habe sie das nicht gewusst, Cornelia hätte so etwas nie gemacht, aber jetzt sei sie im Gefängnis und käme nur gegen eine Kaution von 20.000 Euro frei, das seien also etwa 25.000 Franken, und Cornelia habe ihr ihre, Amalies, Adresse gegeben mit der Bitte, ob sie ihr vielleicht aus dieser Lage heraushelfen könne.

»Aber ihre Mutter?«

Die dürfe auf keinen Fall etwas erfahren, Cornelia schäme sich furchtbar, dass sie in so etwas hineingeraten sei, und sie bitte sie, niemandem von der Familie etwas davon zu sagen, sie werde ihr bestimmt auch alles zurückzahlen.

Amalie nahm einen Schluck Kaffee und wischte sich die Lippen mit dem Handrücken ab.

Ja, die Cornelia, sagte sie, das passe zu ihr.

Sie hatte das Mädchen immer gemocht, schon weil sie ihre einzige Enkelin war, aber auch das Wilde an ihr hatte ihr gefallen. Cornelia war schon als Schülerin gerne gereist, war einmal per Anhalter mit einer Freundin nach Spanien gefahren, während ihre Eltern in allen Ängsten waren, Amalie hatte sie damals beruhigt, die werde schon wieder zurückkommen. Später dann hatte sie eine Kunstschule im Ausland besucht, wollte Filme machen und schlug sich mit Gelegenheitsarbeiten durch, der Kontakt mit ihr war in letzter Zeit etwas verloren gegangen, ab und zu war ein Kartengruß von ihr gekommen, von irgendeiner fernen Insel, und jetzt also das.

Amalie nahm einige Postkarten vom Kühlschrank ab, wo sie mit Magneten befestigt waren, und schaute sie einzeln an. »Das ist von ihr, glaub ich«, sagte sie und hielt der Fremden eine Karte hin, auf der das Meer gegen Küstenfelsen brandete, »da war sie am Meer.«

Die Fremde schaute die Karte an. »In Irland«, sagte sie dann und gab sie Amalie zurück, »sie war oft in Irland, davon hat sie mir erzählt. Und wie machen wir jetzt das mit dem Geld?«

Amalie schloss nochmals die Augen, und ihre ganze Familie rief ihr zu: »Nichts geben!« Sogar die beiden kleinen Urenkel schüttelten ihre Köpfe. Einzig Cornelia ganz außen machte ihren Mund nicht auf und winkte ihr bloß zu.

Amalie seufzte. »Warten Sie«, sagte sie und ging in das Zimmer ihres verstorbenen Mannes. Sie machte die unterste Schublade des Schreibtisches auf und zog die

Schachtel hervor, auf der groß »Fotos« stand. Zuoberst lag das Familienfoto, das sie schon gesehen hatte, als sie die Augen schloss. Auf einmal schien ihr, Cornelia blicke traurig drein. Unter dem Foto war ein Umschlag, der mit »Hochzeitsreise« beschriftet war, und dort drin bewahrte sie ihr Geld auf. Ihr Mann hatte das so eingerichtet, »gegen die Einbrecher«, hatte er gesagt. Sie öffnete das Couvert und zählte zehn Hunderternoten. Sie steckte den Umschlag in die Handtasche, die auf dem Schreibtisch stand, und machte Schachtel und Schublade wieder zu.

Als sie sich umdrehte, stand die fremde Frau im Türrahmen.

»Es reicht nicht«, sagte Amalie, »ich muss es auf der Bank holen.«

»Ich kann Sie begleiten«, sagte die Fremde.

Eine Stunde später gingen die zwei Frauen über die Aarebrücke. Amalie hatte sich sonntäglich angezogen, wie immer, wenn sie zur Bank ging, ein blaues Deux-Pièces, darüber ihren feinen Regenmantel und den Hut mit der Brosche und der silbernen Feder, dazu ihre große Handtasche. Die Botin von Cornelia hatte sie zwar zur Eile ermahnt, aber Amalie hatte sich nicht beirren lassen. Sie bekomme ihr Geld nur, wenn sie anständig aussehe, sagte sie.

Die Bank lag gleich am Aarequai, und die kraushaarige Frau sagte zu Amalie, sie warte hier auf der Sitzbank auf sie, bis sie mit dem Geld zurückkomme, und Cornelia werde ihr bestimmt unglaublich dankbar sein.

Als Amalie über den Fußgängerstreifen gegangen war und sich nochmals umdrehte, sah sie, dass sich eine zweite Frau zur Fremden gesetzt hatte und sich mit ihr zu unterhalten begann.

Es war nicht leicht, dem Mann am Schalter begreiflich zu machen, dass sie 20.000 Euro brauchte, und zwar in bar. Ob er sie fragen dürfe, wofür sie das Geld brauche. Sie überlegte einen Moment, erinnerte sich daran, dass sie niemandem etwas sagen sollte, und fand dann ein Wort, das ihr angemessen schien.

»Privat«, sagte sie.

Er müsse zuerst schauen, ob sie überhaupt so viele Euros da hätten, sagte der Mann, ging nach hinten und kam erst nach einer Weile wieder. Doch, sagte er dann, es gehe, aber falls sie damit ins Ausland fahre, könne er ihr auch einen Teil davon in Reiseschecks mitgeben, das wäre sicherer als Bargeld.

Als sie nichts davon wissen wollte, legte er ihr eine Quittung über 24.225 Franken zur Unterschrift vor. So viel kosteten die 20.000 Euro, die hier in diesem Umschlag bereit seien. Dann zählte er ihr die Scheine ab, vor allem grüne und braune, Scheine jedenfalls, die sie noch nie gesehen hatte, steckte sie in den Umschlag und schob ihn ihr zu.

Lächelnd steckte sie den Umschlag in ihre große Handtasche und sagte, sie habe gar nicht gewusst, dass sie so viel Geld habe.

Sie solle vorsichtig sein, sagte der Schaltermann, und ob vielleicht jemand von ihnen sie nach Hause begleiten könne.

Oh nein, das sei nicht nötig, sagte sie, sie habe schon jemanden.

Aber als sie zur Sitzbank kam, war diese leer.

Amalie schaute sich um, ohne dass sie irgendwo eine rote Bluse sah.

Sie setzte sich und wartete. Es gefiel ihr nicht, dass die Frau, wegen der sie das alles gemacht hatte, einfach verschwunden war. Dabei brauchte Cornelia das Geld, um in Rom aus dem Gefängnis zu kommen.

Sie wartete und wartete und nickte etwas ein.

Als sie erwachte, standen ein Mann und eine Frau vor ihr. Sie seien, sagten sie, von der Polizei, zeigten ihr ein Foto von der kraushaarigen Frau und fragten sie, ob sie diese Person kenne.

Amalie nickte. »Ja«, sagte sie, »seit heute.«

Ob sie sie um Geld angegangen habe, fragten die beiden weiter, und Amalie nickte wieder: »Für meine Enkelin.«

Nun blickten sich die beiden an und nickten. Da habe sie Glück gehabt, sagte der Mann, die Person sei eine Betrügerin. Ob sie mit ihnen auf die Wache komme zu einer Aussage und einer Konfrontation, fragte er weiter.

Amalie war verwirrt. Sie? Zur Polizei? Sie schüttelte den Kopf.

Oder lieber morgen Vormittag?, fragte die Polizistin, das genüge auch noch. Sie sei doch Frau Amalie Ott von der Rosengasse?

Ja, sagte Amalie, etwas erstaunt darüber, dass man sie kannte, ja, das wäre ihr lieber, sie habe heute noch zu tun.

Der Polizist sagte, er erwarte sie in dem Fall morgen um neun Uhr auf dem Posten der Kantonspolizei, gab ihr sein Kärtchen und fragte dann, ob sie sie in die Bank begleiten sollten, um das abgehobene Geld zurückzubringen.

Amalie schloss kurz die Augen und sah sogleich den ganzen Familienchor, der ihr ein einziges »Jaaa!« zuschrie. Aber wieso stimmte Cornelia nicht mit ein, sondern stand einfach stumm am Rand?

»Nein, danke«, sagte Amalie und erhob sich von der Bank, »ich komme schon zurecht.«

»Passen Sie gut auf«, sagte die Polizistin, und: »Das Geld ist am sichersten auf der Bank«, fügte der Polizist hinzu.

Amalie nickte, sagte auf Wiedersehen und ging langsam neben dem bronzenen nackten Mann, der ein bronzenes Pferd besteigen wollte, über die Aarebrücke zum Bahnhof.

In der Mitte der Brücke blieb sie stehen, hielt sich mit einer Hand am Geländer fest und blickte ins Wasser hinunter. Es war ihr, als trieben alle ihre Gedanken flussabwärts. Wer war sie, und wieso stand sie da? Wieso war sie so gut angezogen? War etwa Sonntag?

Sie schloss einen Moment die Augen, aber der Familienchor war verschwunden, und einzig ihre Enkelin Cornelia stand noch da und blickte sie an, ohne etwas zu sagen.

Als sie die Augen öffnete, wusste sie wieder Bescheid. Cornelia war in Rom im Gefängnis und brauchte Hilfe, und niemand aus der Familie durfte etwas davon wissen. Niemand, außer ihr. Ihre Stunde war gekommen, die Stunde der Großmutter.

Am nächsten Morgen um neun Uhr saß sie im Schnellzug nach Mailand und fuhr gerade in Airolo zum Gotthardtunnel heraus. Am Vierwaldstättersee hatte es noch geregnet, jetzt schien die Sonne.

»Oh«, sagte sie zum Herrn gegenüber, »hier scheint ja die Sonne!«

Der senkte die Basler Zeitung, hob kurz den Kopf und sagte dann: »Wir sind ja auch im Tessin.«

Die Frau im Reisebüro der SBB war gestern sehr nett gewesen, hatte ihr genau erklärt, wie sie in Mailand umsteigen müsse und dass sie dann eine Platzkarte im Wagen 24 für den Zug nach Rom habe, wo sie um 13.55 Uhr ankommen werde. Zuvor hatte sie ihre Kundin kurz gemustert und einladend gefragt, ob sie erster Klasse fahren wolle, und Amalie hatte, ohne die Augen zu schließen, genickt. Auch dem Drei-Tage-Arrangement in einem Viersternehotel, einem Sonderangebot der Bahn, hatte sie sofort zugestimmt, hatte die 685 Franken aus ihrem Couvert »Hochzeitsreise« bezahlt und die restlichen 315 Franken umgewechselt, in Lire, hatte sie verlangt und sich dann belehren lassen, dass man in Italien schon lange mit Euro bezahle.

Als sie der Herr gegenüber bei der Fahrt am Luganersee entlang fragte, was sie denn nach Rom führe, musste sie zuerst einen Moment nachdenken, bevor sie sagte: »Meine Hochzeitsreise.«

Ob da nicht der Mann fehle, fragte der Herr, worauf Amalie entgegnete: »*Sie* sind ja da.«

Der Herr lachte und sagte: »Aber nur bis Mailand.«

Dort half er ihr jedoch beim Umsteigen, trug ihr sogar das Köfferchen und brachte sie in den Wagen 24, wo sie den Sitz Nr. 35 hatte, einen Fensterplatz, wie sie erfreut feststellte.

Neben ihr saß niemand, und erst kurz vor der Abfahrt setzte sich eine korpulente Frau mit mehreren Halsketten auf den Platz vis-à-vis und stellte ein Hundekörbchen auf den Sitz daneben, aus dem ein kleiner Spitz seine Schnauze streckte.

Amalie lächelte zuerst den Hund an, dann die Dame, und die Dame lächelte zurück.

»Ein herziges Hündli«, sagte Amalie, und die Dame nickte.

Als der Zug Mailand hinter sich gelassen hatte, fuhr er in einem Tempo, das ihr kaum Zeit ließ, etwas von der Landschaft zu sehen. Gutshöfe und Pappelalleen flogen vorbei, Kirchtürme und Dörfer tauchten auf und verschwanden wieder, ein großer Fluss wurde überquert, in einer Ebene, die kein Ende nahm, sodass es Amalie nach einer Weile aufgab, aus dem Fenster zu schauen.

Sie öffnete ihre große Handtasche und zog einen Thermoskrug hervor, schenkte sich einen Tee ein, der immer noch dampfte, und wickelte ein Schinkensandwich aus, das sie sich am Morgen gemacht hatte.

Der Spitz blickte begierig zu ihr herüber.

»Darf ich?«, fragte Amalie und zupfte ein Stücklein Schinken ab.

Die Dame nickte, ihre Halsketten blitzten, und der Spitz schleckte Amalie den Schinken von der Hand.

Wieder kam ein Moment, in dem sie sich erschrocken fragte, wo sie eigentlich war und warum sie in diesem rasenden Zug saß und ein Hündchen fütterte. Dann sah sie in ihrer Handtasche das durchsichtige Mäppchen des Reisebüros, auf dem groß das Wort »Roma« zu lesen war, und wusste wieder Bescheid. Was sie allerdings nicht wusste, war, ob sie Italienisch konnte.

Sie machte einen Versuch. Sie zeigte auf den Spitz und fragte die Besitzerin: »Comment il s'appelle?«

Die Antwort kam sofort: »Zorro.«

Bis Bologna wusste Amalie, dass Zorro der Tochter ihrer Sitznachbarin gehörte, dass er drei Wochen bei ihr in den Ferien gewesen war und dass er jetzt nach Rom zurückgebracht werde.

Bis Florenz wusste die andere Frau, dass Amalie auf ihrer Hochzeitsreise nach Rom war, da sie bei der Heirat nach dem Krieg kein Geld dazu hatten und sie bis zum Tod ihres Mannes nicht mehr dazu gekommen waren, und in Rom schließlich wurde Amalie von der Tochter der Frau mit dem Spitz ins *Hotel Ambasciatore* gefahren.

Schon die Eingangshalle war überwältigend, mit roten Teppichen ausgeschlagen, und mit einem Kronleuchter, der aus einem gewaltigen offenen Treppenhaus herunterhing. Die Dame hinter dem großen Empfangspult war außerordentlich freundlich, als Amalie ihr das Mäppchen vom Reisebüro hinüberschob, und auch mit ihrem Italienisch, das sie sich in ihrem Welschlandjahr als junge Frau angeeignet hatte, kam sie ganz gut durch. »Pour trois jours«, sagte sie, und »Parfait« bekam sie zur Antwort.

Leicht belustigt sah sie zu, wie ein junger Bursche in einer Uniform mit Goldtressen, silbernen Knöpfen und einem kecken Mützchen ihren Koffer ergriff. Sie folgte ihm, und er fuhr mit ihr im Lift in den fünften Stock.

Als sie auf dem ausladenden Doppelbett im Zimmer saß, entglitt ihr die Welt wieder für einen Augenblick, und sie schloss die Augen. Sie sah ihren verstorbenen Mann, jung war er, im Sonntagsanzug trat er zur Kirche heraus, blickte sich suchend um und winkte ihr dann zu.

Sie nickte, öffnete ihre Handtasche und holte den Umschlag hervor, auf dem »Hochzeitsreise« stand. Es war die exakte und schwungvolle Schrift ihres Mannes, und darin waren die Lire, die jetzt Euro hießen. Und auf dem Prospekt, den sie auf das Nachttischchen legte, stand »Rom – die ewige Stadt«. Da war sie also. Erleichtert legte sie sich auf das große Bett und schlief sofort ein.

Beim Aufwachen brauchte sie eine Weile, bis sie sich zurechtgefunden hatte. Die Aussicht aus dem Fenster über die unendlich vielen Dächer und Türme war ihr vollkommen unvertraut, und sie konnte sich so lange nicht erklären, wo sie war, bis sie den Prospekt wieder sah.

»Rom«, sagte sie zu sich, »ich bin in Rom«, und plötzlich wurde sie von einem Gefühl erfüllt, das sie kaum mehr kannte. Es war eine Neugier, eine Unternehmungslust, etwas von ganz früher, wenn es in ein Klassenlager ging oder auf eine Schulreise, als sie noch nicht Amalie Ott war, Mutter zweier Kinder, sondern selbst noch ein Kind, ein Kind, das sich auf das Leben freute. Aber da mischte sich noch etwas ein, auch von früher, es war die Angst vor dem Unbekannten, wie damals, als sie für ein Jahr ins Welschland ging und nicht wusste, was sie dort erwartete.

Doch die Freude überwog. Das Zimmer, in dem sie sich befand, gehörte zu einem Hotel, der Name des Hotels stand auf einem Notizblock neben dem Telefon. Sie riss sich das oberste Blatt davon ab und schob es in die Handtasche. Der Schlüssel steckte innen an der Zimmertür, die Nummer war auf dem Anhänger, der die Form einer Birne hatte. Sie zog den Zettel des Notizblocks wieder heraus und schrieb die Nummer unter die Hoteladresse: 501. Dann verließ sie ihr Zimmer, schloss die Tür ab, ging zu dem großen offenen Treppenhaus, in welchem der Kronleuchter herunterhing, und stieg in die Eingangshalle hinunter.

Von der freundlichen Frau an der Rezeption erfuhr sie, dass Nachtessen und Frühstück im Sonderangebot inbegriffen waren, dass der Speisesaal gleich neben dem Eingang bereits geöffnet sei, und dass man ihr, wenn sie das wolle, für morgen gerne eine Stadtrundfahrt reserviere.

Die nächsten zwei Tage vergingen wie im Rausch. Amalie sah Kirchen, Paläste, Tempelsäulen, Brunnen, Parkanlagen, Kreuzgänge, Dome, sie stand im Kolosseum, sie hörte von den Römern, von Garibaldi und dem Papst, sie sah Gottes ausgestreckten Finger an der Decke der Sixtinischen Kapelle, und es war ihr, als strecke er den Finger nach ihr aus, sie fühlte sich in einer andern Welt, beim Essen hatte sie zuerst geglaubt, die Spaghetti seien die Hauptspeise und konnte fast nicht glauben, dass das Kalbsschnitzel mit der reichen Gemüsegarnitur auch noch für sie war, aber sie aß alles mit großem Genuss auf, trank dazu ein Viertelchen Rotwein, nahm zum Tiramisu einen Kaffee, was sie sonst am Abend nie tat, krönte den Tag mit einem Grappa, ging dann beschwingt in den Lift, den sie bald zu bedienen gelernt hatte, und ließ sich im Zimmer 501 wohlig in das mächtige Doppelbett sinken.

Und die Leute waren so freundlich und verwöhnten sie und sprachen Französisch mit ihr, denn dass das nicht Italienisch war, was sie sprach, hatte sie inzwischen gemerkt. Einmal rannte ihr sogar jemand nach und brachte ihr die Handtasche wieder, die sie in einer Kirche liegen gelassen hatte, und die Kellner waren von einer Höflichkeit, die sie nicht kannte, rückten ihr den Stuhl zurecht, wenn sie sich zu Tisch setzte, und zogen ihn leicht zurück, wenn sie wieder aufstand, sie konnte sich gar nicht erklären, womit sie das alles verdient hatte, so ging man doch sonst nur mit reichen Leuten um.

In den Momenten, in denen ihr nicht klar war, wo sie sich eigentlich befand und was genau sie hierhergeführt hatte, umklammerte sie ganz fest ihre Handtasche, die sie immer mit sich trug, und dann wusste sie es wieder: Sie war auf ihrer Hochzeitsreise, sie holte sie nach, auf Geheiß ihres Mannes, der das Geld im Couvert eigens dafür bestimmt hatte.

Zwar war ihr manchmal, als sei da noch etwas gewesen, eine Art Auftrag, aber sie kam nicht drauf und gab sich ganz dem Genuss ihrer Reise hin.

Am dritten Abend, dem Abend vor ihrer Abreise, gerade als sie ihr Zimmer verlassen wollte, um in den Speisesaal zu gehen, klingelte das Telefon.

Amalie erschrak. Wusste denn jemand, dass sie hier war? Sie zögerte etwas, doch dann drehte sie sich um, ging zum Nachttischchen, hob den Hörer ab und sagte: »Hallo?«

Es war ihre Enkelin Cornelia.

Eine Stunde später betrat diese das Entrée des *Hotels Ambasciatore*, wo ihre Großmutter auf sie wartete. Amalie stand auf, und sie umarmten sich.

»Du bist schwanger, Mädchen?«, fragte sie, »das wusste ich gar nicht.«

Sie wusste vieles nicht, und sie erfuhr erst, als sie zusammen im Speisesaal des *Hotels Ambasciatore* saßen, dass man sie zu Hause gesucht hatte und die Polizei herausgefunden hatte, dass sie nach Rom gefahren war, worauf ihre Tochter Cornelia angerufen hatte, da diese seit einem halben Jahr in Rom wohnte. Sie unterrichtete an einer deutschen Schule, um sich ihren Lebensunterhalt zu verdienen, während sie an einem Film arbeitete, der nicht vom Fleck kam. Ihr Mann war Italiener, sie kannte ihn von der Filmhochschule in München, und er war gerade auf einer sizilianischen Insel, um etwas über Flüchtlinge aufzunehmen. Zusammen bewohnten sie hier eine Einzimmerwohnung, was nicht so schlimm sei, weil er sowieso die meiste Zeit nicht da sei, und –

Amalie legte ihre Hand auf die Hand ihrer Enkelin. Es war ihr gerade in den Sinn gekommen, weshalb sie nach Rom gefahren war.

»Und die Sache mit den Drogen?«, fragte sie.

Cornelia zog ihre Hand zurück. »Hat es dir Mama erzählt? Da kannst du beruhigt sein, da bin ich längst wieder raus.«

Amalie schaute sich zu den Nachbartischen um und flüsterte dann: »Warst du lange im Gefängnis?«

Cornelia war baff. »Wie kommst du denn darauf? Ich war überhaupt nie im Gefängnis.«

Und während sie den gemischten Salat aßen, erzählte ihr ihre Großmutter vom Besuch der kraushaarigen Frau und den Folgen.

Am nächsten Nachmittag gingen die beiden durch den monumentalen Bahnhof von Mailand. Cornelia hatte Amalie bis dorthin begleitet und brachte sie zum Zug nach Basel, in dem sie ohne Umsteigen bis Olten fahren konnte. Am reservierten Platz hob sie das Köfferchen auf die Gepäckablage hinauf und setzte sich einen Moment ihr gegenüber. »Also«, sagte sie, »ich muss wieder zurück nach Rom. Und denk daran: erst in Olten aussteigen, gell?«

Amalie nickte. »Aber sicher, Mädchen, was glaubst du denn?«

Sie schloss einen Moment die Augen. Dann griff sie in ihre Handtasche, nahm den dicken Umschlag der Bank heraus, der die ganze Zeit zuunterst gelegen hatte, und drückte ihn ihrer Enkelin in die Hand.

»Bevor ich's vergesse, das ist für dich. Für dich und das Kind. Du kannst es bestimmt brauchen.«

Cornelia zögerte.

Amalie lachte. »Auch wenn du nicht im Gefängnis warst.«

Cornelia zögerte immer noch, da sagte Amalie: »Nimm es ruhig. Mich gibt's nicht mehr lang. Aber dich.«

Cornelia umarmte sie, dann gingen sie zusammen zur Waggontür.

»Und schick mir eine Anzeige, wenn das Kind da ist!«

Später, als sie am Fuß des San Salvatore am Luganersee entlangfuhr und die Frau gegenüber sie fragte, wo in Italien sie gewesen sei, sagte Amalie: »In Rom. Auf der Hochzeitsreise.«

Root Leeb

*Fünf Frauen machen
eine Reise*

Nach links

Die Tage sind hell, werden immer wärmer und länger, es juckt sie überall. Das kennt sie gut, es ist keine Allergie, sie muss nur hinaus ins Freie und weit weg.

Sie gehört zu den Frauen, die mit beiden Füßen auf dem Boden stehen und die konsequent ihre Ziele verfolgen. Sie will nach links, das heißt also nach Westen. Obwohl für uns in Deutschland links als politische Richtung eher in den Osten weist. Aber wir halten uns an die Kartografie, die den Norden oben, den Süden unten, den Osten rechts, und den Westen links festgelegt hat. Daran ist nicht zu rütteln. Man würde ja sonst alles durcheinanderbringen. Trotzdem kann ich persönlich, wenn ich mich, aus Versehen vielleicht, nur ein bisschen drehe und dann weiter geradeaus gehe, nicht mehr sagen, in welcher Richtung ich unterwegs bin.

Aber ich bin nicht sie, und sie weiß, wie man die Richtung hält. Zu Lande. Sie wirft in Gedanken einen grünen Faden vor sich aus, bricht am späten Nachmittag in der Mitte Deutschlands auf und läuft mit leichtem Gepäck, guten Schuhen und frohen Mutes zur untergehenden Sonne. Wie ein junger Hund, der zu lange in einem Zimmer festgehalten wurde, tänzelt sie über die Straße, nimmt ihre Spur auf.

Im Westen sei mit wechselhaftem Wetter und Regenschauern zu rechnen, hat sie in den Nachrichten gehört. Sie lässt sich von Wasser nicht abschrecken. Weder von oben noch von unten. Und das ist auch gut so, wenn sie in den Westen will. Denn über kurz oder lang wird sie am Meer enden. Auf jeden Fall früher als bei einer Reise in den Osten.

Schon nach wenigen Stunden ist die Sonne verschwunden, es wird schwarz, kein Mond leuchtet ihr, so muss sie das erste Mal übernachten. Da Frühsommer ist, die Nächte sehr kurz sind und sie bei Sonnenaufgang gleich weiterwill, legt sie sich einfach mit ihrem Schlafsack auf eine Wiese. Da ist sie immer noch, oder schon wieder, in der Nähe des windungsreichen Mains, der ihr Heimatfluss und heimlicher Mississippi ist und der sie, die sich so konsequent von ihm wegbewegt, zu verfolgen scheint. Du musst mir nicht nachstellen, denkt sie, ich komme doch zurück, aber jetzt werde ich mich erst einmal von deinen Armen und Winkeln entfernen. Als es kurz vor Mitternacht heftig zu stürmen und zu regnen beginnt, hüllt sie sich in eine Plastikplane und beschließt, kurz bevor sie einnickt, bei Regen und für lange Strecken doch ein Auto zu benutzen, als Anhalterin.

Weil sie trotz der nassen Nacht einigermaßen hübsch und ungefährlich aussieht, wird sie am nächsten Morgen schon nach kurzer Zeit von einem Autofahrer mitgenommen. Der bringt sie gleich bis nach Trier, und als sie aussteigt, denkt sie, dass ihr das jetzt doch zu schnell gegangen ist. Sie hat einen guten Teil der Reise verschlafen und nichts gesehen. Sie läuft durch die Stadt, doch auf den schönsten Plätzen sind dichte Menschentrauben um Touristenführer versammelt, die sich wie Marktschreier gebärden, und verleiden ihr den Aufenthalt. Es treibt sie weiter, und sie geht zu Fuß an der Mosel entlang. Nein, die Mosel hat nichts von ihrem Mississippi, ist aber zahm und plätschert freundlich neben ihr her. Nach wenigen Tagen verlässt sie auch diesen Begleiter und läuft auf Feldwegen und Landstraßen durch Luxemburg. Obwohl sie so anwesend in der Welt ist, wie immer auf Wanderschaft, ist sie gleichzeitig auch draußen. Weg von allem. Sie hat kein Handy dabei, empfängt nichts und sendet nichts. Nur ihre eigenen Gedanken wandern mit, und selbst die sind ihr manchmal zu laut. Dagegen hilft nur, schneller zu laufen, bis sie außer

Atem kommt und ihr Herzschlag ihre ganze Aufmerksamkeit auf sich zieht. Dann wird es still im Kopf.

An einer sehr schmalen Stelle durchkreuzt sie den südlichsten Zipfel von Belgien, der erstaunlicherweise auch Luxemburg heißt, jetzt aber eine Provinz ist, überquert Flüsse, deren Namen sie nicht kennt, und taucht dann in das große weite Frankreich. Das scheint ihr paradiesisch, der Wind streicht ihr über das erhitzte Gesicht, durchs Haar und unter ihr Hemd, wie um sie willkommen zu heißen. Die weiten Felder saugen sie auf, sie läuft durch Dörfer, kleine Städte und lebt von Käse, Baguette, Rotwein und Vogelgesang. Sie ist stolz auf sich, folgt immer ihrem ausgeworfenen Faden und meidet weiterhin alles Große, Lärmige.

Dann melden sich ihre Füße, auch die Beine und der Rücken beginnen zu schmerzen, deswegen fährt sie immer öfter lange Strecken in verschiedenen Autos mit. Immer Richtung Westen.

So durchquert sie das nördliche Frankreich. An einem sonnigen Tag mit klarer Luft kommt sie zu Fuß in Le Tréport an. Da ist der Sommer schon fast vorbei. Eigentlich wäre Dieppe ihr Ziel gewesen, bei strikter westlicher Reiseroute, aber das ist ihr zu groß, und sie mag die Erinnerung an den Krieg und die vielen Toten nicht. Und sie ist nicht mehr ganz so konsequent wie zu Beginn ihrer Reise. So entscheidet sie sich für die etwas nördlicher liegende kleine Stadt.

Hier kommt ihre Reise zu Fuß zu einem abrupten Ende. Nicht nur, weil ihre Schuhe durchgelaufen sind, und in gewisser Weise auch ihre Füße, sondern weil es westlich von Le Tréport nur noch Wasser gibt. Ihr Faden läuft versunken darin weiter. Sie überlegt, dann besorgt sie sich Proviant und kauft von einem hünenhaften Dänen günstig ein gebrauchtes Faltboot, das ihm, wie sie vermutet, zu klein geworden ist. Sie kann ihr Gepäck in einem gut besuchten Café lassen und läuft erst einmal am Strand entlang in Richtung der Kreidefelsen. Nein, sie will nicht hinauf, auch mit dem romantisch aussehenden Schrägaufzug nicht. Das wäre abwegig. Sie schaut nur von unten, wie die langsam sinkende Sonne über die hellen Flächen leckt und sie dabei orange färbt. Als sie untergeht und es dunkel wird, holt sie Boot und Rucksack und geht zum Leuchtturm zurück. Dort lässt sie ihr kleines Faltboot zu Wasser und setzt sich mit ihrem Proviant hinein. *England* flüstert sie entschieden – und gleichzeitig fragend, als könnte ihr Gefährt antworten oder nach einem inneren Programm navigieren. Sie stößt sich von der Kaimauer ab und lässt sich treiben. Nach kurzer Zeit schläft sie ein.

Wellen und Strömungen kennen nur den nautischen Faden und halten sich nicht an festgelegte Himmelsrichtungen. Der Verdacht kommt ihr schon am nächsten Morgen, aber er bestätigt sich erst, als sie viel später sehr weit südlich an Land getrieben wird.

Da ist sie ausgelaugt, hungrig und sonnenblind und will nur noch nach Hause.

Nach rechts

Es ist ganz eindeutig. Wenn man auf die Landkarte schaut und beschließt, nach rechts zu laufen, wie sie das tut, geht es nach Osten. Sie ist die Nachdenkliche in ihrem Freundeskreis und will ihre genaue Position bestimmen. Sie packt ihren Rucksack und macht sich auf den Weg. Es ist höchste Zeit.

Ihr Nabel der Welt ist Würzburg. Die Stadt liegt fast in der Mitte von Deutschland. Der genaue Mittelpunkt wäre zwar ein ganzes Stück weiter nördlich und etwas weiter östlich, aber das heißt dann Wüstensachsen und klingt nach Durst. Außerdem kennt sie sich da nicht aus. Also geht sie lieber von Würzburg aus los, mit Landkarten, Proviant, einem Messer und Pfefferspray. Hoffentlich habe ich nichts Wichtiges vergessen, denkt sie, man weiß ja nie. Hundertmal hat sie schon Pflaster und Verbandszeug mitgenommen und es noch nie gebraucht. Und dann, genau das eine Mal, wenn sie nichts dabei hat, läuft sie sich Blasen, schneidet sich in die Hand, verstaucht sich den Fuß oder wird von jemandem gebissen, der womöglich giftig ist – und ist dann hilflos ausgeliefert.

Das wird ihr diesmal nicht passieren, sie hat an alles gedacht. Sie hat auch einen Kompass dabei, denn wenn man auf der Weltkugel steht, weiß man ja nicht genau, wo rechts ist. Das heißt, man weiß es schon, das lernt man bereits als Kind: Es ist da, »wo der Daumen links ist«, aber das hindert einen nicht daran, die Orientierung zu verlieren, im Gegenteil, es verleitet dazu, sich im Kreis zu drehen. Genau das will sie nicht, sie will ausbrechen, aus ihrem Teufelskreis, deshalb macht sie diese Reise. Konsequent in eine Richtung, nach Osten. Mit Kompass. Aber sich seiner Hilfe zu bedienen ist nicht so leicht, denn es ist

Frühling, alles blüht, und sie muss ununterbrochen niesen, das heißt, die Kompassnadel wackelt wie eine Kaulquappe. Sie muss also erst einmal das glänzende Messingdöschen auf einem festen Untergrund abstellen und warten, bis die Nadel sich beruhigt. Als sie sieht, wo Norden ist, läuft sie im rechten Winkel los nach Osten.

Prag ist ihr erstes Ziel. Sie liebt diese Stadt. Sie wird zwar ein bisschen nach Norden abdriften, aber wenn man wie sie streckenweise auch per Anhalter reisen will, ist es immer gut, eine Stadt anzugeben, am besten eine mit unwiderstehlicher magnetischer Anziehungskraft. Da fahren dann vielleicht Leute hin, die eigentlich ins Erzgebirge oder weiter ins Riesengebirge wollen, machen einen Abstecher und nehmen sie mit.

Jetzt läuft sie erst einmal querfeldein, genießt die Ruhe und beginnt im Gehen ihren Kopf zu reinigen. Eine richtige Reise braucht Zeit, denkt sie, und ist froh, sich ein Sabbatjahr genommen zu haben. Gleichzeitig schämt sie sich. Wie maßlos, den ursprünglich einen wöchentlichen Ruhetag auf ein ganzes Jahr auszudehnen. Aber sie wird es nutzen, wird vieles klären. Und nach diesem Jahr wird sie neu anfangen. Während sie so vor sich hin geht, lösen sich unliebsame schwarze Gedanken, ziehen hinter ihr her wie Insektenschwärme, eine dichte Wolke, die sie noch eine Weile verfolgt, schließlich von ihr ablässt und im Irgendwo ins Unterholz abdriftet. Erleichtert und heiter läuft sie weiter. Der erste Schritt ist getan, denkt sie zufrieden.

Später fährt sie mit einer Familie bis nach Bärnau, da ist sie schon an der tschechischen Grenze, läuft, am Entenbühl vorbei, hinein nach Tschechien. Die Grenze hätte sie beinahe übersehen, ein kleines weißes Schild am Wegrand. Dahinter geht die Welt einfach weiter. Viel Grün, von den Bäumen, den Wiesen, ihren Gedanken. Sie ist jetzt ganz in der Landschaft. Es hat sich so viel geändert, seit sie aufgebrochen ist. Sie lässt alles auf sich zukommen, die Wege, die Menschen, die Fahrzeuge, auch die Tage, die Nächte und das Wetter – und hofft nur, dass ihr Geld reichen wird.

Sie kommt an eine Straße, auf der viele Kleinlaster unterwegs sind, die Fahrer sind hagere Männer mit Schnauzbart. Einer hält an, um sie ein Stück mitzunehmen. Die Verständigung ist schwieriger, als sie gedacht hat, vor allem, wenn diese Männer irgendwo aus dem Hinterland kommen (das stellt sie sich so vor) und keine Erfahrung mit Fremden haben. Aber auch mit Gesten und freundlichem Lächeln kommt man weiter. Sie kommt bis Prag. Genießt die Stadt und das bunte Treiben, betrachtet, taucht ein und erinnert sich, dass sie früher einmal jonglieren konnte. Nicht besonders gut, aber sie leiht sich von einem jungen Artisten, als der eine Pause macht, drei Bälle und beginnt zu üben. Ungelenk und tollpatschig, die Bälle sind mehr am Boden als in der Luft, die Leute halten sie wohl für eine Clownin, lachen und klatschen. Sie lacht mit, bedankt sich und zieht noch am selben Abend weiter. Vielleicht schaffe ich es auf dieser Reise wirklich hinaus, denkt sie. Und vielleicht komme ich bis Kasachstan. Oder, wenn alles gut läuft, bis in die Mongolei.

Aber zuerst einmal ist Krakau ihre nächste Station. Sie hält es wie zuvor, wechselt ab zwischen langen Fußwanderungen und Autofahrten. Sie wird vorsichtiger bei der Auswahl ihrer Autogastgeber. Reist nur mit Familien, Paaren oder alten Männern, wobei man sich da täuschen kann, denkt sie, und außerdem die Gefahr besteht, an einer Leitplanke zu enden. Aber die besteht ja immer, sagt sie sich, und überlässt sich während dieser Fahrten ihrem Schicksal.

Auch die polnische Grenze ist nicht mehr da. Sie sitzt bei einem jungen Paar im Auto, das in Polen an einem Stausee mit unaussprechlichem Namen wandern will, und in der Nähe der Stadt Karviná sind sie, ohne Zäsur, einfach

»drüben«. Sie fährt mit bis zu diesem See und läuft von da aus alleine weiter. Immer weiter nach Osten. Die Luft und der Geruch haben sich auch hier durch die Grenze nicht geändert. Doch langsam werden die Menschen, die Landschaft und die Sprache sehr fremd. Schon in Tschechien hat sie kaum ein Wort richtig ausgesprochen, wurde verbessert oder gar nicht verstanden. Je weiter sie nach Osten kommt, umso schwieriger wird es mit der Verständigung. Ihr ganzes Leben, ihre Bildung, die Sprachen, die sie gelernt hat, waren immer nach Westen gerichtet. Das hilft jetzt alles nichts. Aber sie wollte doch genau das, das Neue, das Unbekannte, noch nicht Entzifferte, denkt sie. Diese Herausforderung wird sie annehmen.

Sie kommt in Krakau an und ist überrascht. Die südliche Atmosphäre, am Marktplatz sind Tische im Freien, so schön hat sie sich das nicht vorgestellt. Auf einem kleinen Platz sieht sie eine Gruppe tanzen, sie wird eingeladen mitzumachen, das kennt sie so nicht, diese Offenheit. Anonym traut sie sich. Sie tanzt, zu einer polnischen, sehr rhythmischen Melodie. Mazurka, Ländler, Polka, irgendwie vertraut, ihre Füße fliegen. Auch andere Frauen und Männer, die offensichtlich nicht von hier sind, sieht sie, auch die halten nicht genau Schritt, aber niemand scheint sich daran zu stören.

Sie bleibt, bis sie außer Atem ist, dann geht sie weiter, um die Stadt zu erkunden. Den unterirdischen Markt will sie sich anschauen, aber da Sommer ist, zieht es sie doch schnell wieder nach oben ans Licht. Nachdem sie gegessen und getrunken hat, sitzt sie einfach und schaut.

Auch das ist anders, denkt sie. Zu Hause muss ich immer etwas tun, obwohl es genauso viel zu schauen gäbe. Sie redet mit fremden Menschen, die wie sie auf Reisen sind, hört von deren Leben, erzählt von ihrem und fühlt sich aufgehoben. Manchmal läuft sie jetzt ein Stück des Weges gemeinsam mit anderen, wenn die Ziele in der gleichen Richtung liegen. Auf dem Land lernt sie polnische Bauernfamilien kennen, darf in Scheunen übernachten, manchmal in Kinderzimmern. Sie lächelt viel, redet wenig und ist schnell Liebling bei den Kindern, wenn sie etwas vorsingt oder – ja, auch das hat sie wiederentdeckt – kleine Zaubertricks vorführt.

Nach spätestens zwei Nächten zieht es sie weiter. Sie hat noch einen langen Weg, schreibt aber zum Trost für alle gewissenhaft Adressen auf, vielleicht für den Rückweg, vielleicht für einen Brief. Doch sie bezweifelt, dass es eine Fortsetzung geben wird.

Sie läuft und läuft. Manchmal stößt sie auf Bekanntes, allzu Vertrautes, auf alte Ängste, wenn sie plötzlich gewahr wird, dass sie völlig allein auf weiter Landstraße unterwegs ist, oder wenn sie in einer Gaststätte alleine am Tisch sitzt und spürt, wie sie von allen Seiten angestarrt wird – und ihrerseits dann so auf ihren Teller stiert, als wären dort die aktuellen Nachrichten der Gegend zu lesen oder die Gedanken all derer, die da so starren.

Sie hält sich abseits von Bergen, ihr Rucksack ist zu schwer, abseits von dichten Wäldern, wo sie Angst haben würde und zu wenig Licht, und abseits von allen Wanderwegen, auf denen Nordic Walker ihre Gedanken in Stakkato zerhacken würden.

Für sie bleibt die flache, jetzt im Frühherbst noch heiße Landschaft. Viele der vormals gelb leuchtenden Felder sind abgeerntet, Stoppeln, so weit das Auge reicht. Die Nächte werden kälter, ihre Füße müde. Immer öfter sitzt sie auf einem Fahrzeug auf, mittlerweile sind auch Traktoren mit Anhänger dabei, und lässt sich mitnehmen. Immer häufiger spürt sie nachts einen Anflug von Heimweh, bevor sie einschläft.

Als sie an der Grenze zur Ukraine ankommt, Medyka heißt der Ort, ist da eine richtige Grenze. Eine Schranke.

Sie muss anhalten. Die Grenzposten beäugen sie misstrauisch, sie soll ihre finanzielle Absicherung für die Zeit ihres Aufenthalts nachweisen. Das kann sie nicht, so wenig, wie sie angeben kann und will, wie lange sie denn zu bleiben gedenke und was sie in der Ukraine vorhabe. Nein, sie kenne niemanden, wolle nur quer durch dieses Land wandern, einfach immer nach Osten. In niemandes Auftrag, einfach so. Ihr Pass wird zur genaueren Prüfung weggebracht. Sie wird gründlich untersucht, auch ihr Körper, jedes Wäschestück wird entfaltet, geschüttelt, jede Tube und jeder Stift geöffnet. Für diese Männer und Frauen, die da schwer bewaffnet vor ihr stehen, lauert in allem der Tod.

Ihre Unschuld bezeichnen sie – mit Übersetzer – als gespielte Naivität. Es herrscht Krieg, und sie steht unter Verdacht, eine Spionin zu sein, kann also nicht einreisen. Sie hat zu ihrem eigenen Erstaunen keine Angst, sagt, dass sie dann eben umkehren, wieder nach Hause wandern würde. Und vielleicht später einmal wiederkäme. Sie lächelt die Grenzposten an, als sie ihren Pass wieder entgegennimmt.

Nun gut, sagt sie sich, Krieg beendet jede Reise. Aber ich bin ja angekommen. Und im Winter ist es zu Hause schöner. Sie dreht sich um, winkt noch einmal zurück und macht sich auf den Weg.

Nach unten

Sie will nicht mehr verreisen. Auf keinen Fall. Seit es Reisebüros gibt, gibt es keine Reisenden mehr, sagt sie. Früher war sie oft unterwegs gewesen, aber damals war das etwas anderes, das Reisen. Mit Rucksack, Abenteuern und Risiko. Sie wusste nie, wie es ausgehen, ob sie je zurückkehren würde. Es gibt ja so viele Möglichkeiten, die das verhindern. Man kann unterwegs sterben. Vielleicht an einer Krankheit, durch einen Verkehrsunfall oder ein Gewaltverbrechen. Auch da gibt es wieder mehrere Möglichkeiten. Etwa durch einen Mord nach einer Vergewaltigung, einen Raubmord, oder einen religiös motivierten Mord, vielleicht weil man in einem fremden Land unwissentlich gegen ein wichtiges Gebot verstoßen hat.

Oder aber, man überlebt alles und lässt sich irgendwo nieder, wo es einem gut gefällt und bleibt da für immer, vergisst die Heimat, und niemand erfährt je wieder von einem. Auch das soll schon vorgekommen sein.

Doch sie ist von allen Reisen zurückgekommen. Sie hat sich niedergelassen, hat einen Mann, ein Haus. Sie ist satt, sauber und zufrieden und will bleiben.

Da muss sie eines Nachts auf die Toilette. Sie versucht es zu ignorieren, das Bett ist kuschelig und körperwarm, und ihr Mann neben ihr atmet ruhig mit diesem säuselnden Flüstern, das sie so liebt. Sie will nicht aufstehen, aber der Druck wird immer stärker, wird zu Kitzeln, lässt sie nicht mehr einschlafen. Eigentlich muss ich nachts doch nie, denkt sie verärgert, schlüpft verschlafen aus dem Bett und läuft barfuß im Dunkeln über den großen Teppich zum Bad.

Da passiert noch nichts. Erst auf dem Rückweg. Sie ist schon fast in der Mitte des Teppichs, als es nicht mehr nach vorne, sondern nur noch nach unten geht. Es ist ein schöner orientalischer Teppich, der sie hineinzieht. Dunkelblau, mit einem geometrischen Muster aus Quadraten, hakenbesetzten Oktagonen und achteckigen Sternen. Beige, rote und olivgrüne Flächen. Es ist ein Teppich aus Anatolien. Schon etwas abgewetzt, ein Erbstück.

Sie geht gerade über eines der roten Quadrate, als dieses sich in unglaublicher Geschwindigkeit vergrößert, seine Fläche ausdehnt, sich in Treppenstufen zerteilt und in die Tiefe ausklappt wie eine Dachbodenleiter. Die Frau zögert, mit einem Bein noch an der Kante, mit dem anderen bereits über der klaffenden Öffnung. Die gegenüberliegende Kante ist plötzlich unerreichbar weit entfernt, dazwischen das dunkle Loch mit den Stufen abwärts. Sie spürt einen Sog, es zieht sie hinunter, unsicher überlässt sie sich. Viel zu schnell stolpert sie hinein in den Schlund. Erstaunlicherweise fällt sie nicht, kann die Balance halten und steigt jetzt Schritt für Schritt weiter nach unten. Die Augen gewöhnen sich an das diffuse bläuliche Licht, das an den Widerschein eines Bildschirms erinnert. Sie spürt Wärme, immer stärker, je tiefer sie hinuntergeht. Auch die Füße werden angenehm warm, und die anfängliche Anspannung und Angst weichen einer fast vergessenen Abenteuerlust. Die Treppe beginnt sich zu krümmen, in immer enger werdenden Kreisen wendelt sie sich tiefer und tiefer hinab. Noch bevor der Frau schwindlig wird, hat sie die letzte Stufe erreicht, die in einen gepflasterten Platz vor einem hoch gewölbten Torbogen mündet. Ohne zu zögern, geht die Frau darauf zu und schaut in eine einladende, belebte Gasse. Hier ist alles nebelblau und leicht dunstig.

Aufrecht und heiter, wie eine Schlafwandlerin, schreitet sie voran. Aber sie ist hellwach. Voller Neugier betrachtet sie die vielen bunt gekleideten Menschen, die sich in Strömen durch die Gasse bewegen. Sieht sie gestikulieren, hört sie lachen und in einer Sprache reden, die sie nicht versteht.

Bin ich also doch wieder verreist, denkt sie. Vielleicht Indien? Sie stürzt sich in das Treiben, lächelt die Entgegenkommenden an, die ihr offensichtlich freundlich gesinnt sind. Alles Zurückliegende, auch ihren Mann, hat sie vergessen. Niemand scheint erstaunt über ihr hellblaues Nachthemd und darüber, dass sie barfuß läuft. Auch sie verschwendet keinen Gedanken an ihr Aussehen. Ein älterer Mann spricht sie an, lockt sie mit gewinnender Geste in seinen Laden, ein üppig ausgestattetes Teppichgeschäft. Sie wird an ein niedriges Tischchen gebeten, ein kurzes Fingerschnippen des Mannes, und schon schwebt ein Messingtablett mit zwei kleinen bauchigen Gläsern Tee über den Köpfen der Menschen auf sie zu. Der Junge, der die beiden Gläser auf ihrem Tisch abstellt, erhält ein paar Münzen und einen Klaps, bevor er wieder verschwindet. Der Ladenbesitzer rollt mehrere Teppiche vor der Frau aus, einer schöner als der andere, alle mit geometrischen Mustern, und betrachtet fragend ihr Gesicht. Sie weicht aus, schaut in ihr Teeglas und überlegt. Ihr Spiegelbild, winzig klein und dunkel, in der Farbe von gebranntem Siena, wie auf einer sehr alten Fotografie, schimmert ihr entgegen. Jung sieht sie aus und verwegen. Sie lächelt den Teppichhändler an. Der lädt sie in einer Sprache, die sie durchaus versteht, ein, zu ihm nach Hause zu kommen. Da erhebt sie sich, tritt einen Schritt zur Seite und bemerkt zwei Dinge: Sie hat nichts bei sich außer diesem dünnen Nachthemd, das sie trägt, und sie steht auf dem roten Quadrat eines Teppichs, das sich in unglaublicher Geschwindigkeit ausdehnt.

Nach oben

Sie möchte ganz hoch hinaus. Und ganz weit weg. Aber fliegen kommt nicht infrage. Sie holt sich eine lange Leiter, stellt sie senkrecht auf die Wiese vor dem Haus, ja, sie bleibt stehen, diese Leiter, und beginnt hinaufzuklettern. Immer höher. Es ist schwindelerregend schön. Das große Glück ist, dass man die Leiter immer ein Stück weiter ausziehen, sie verlängern kann, es ist eine Teleskopleiter. Sprosse für Sprosse steigt sie hinauf, ihr Blick gleitet berauscht über die glänzend blaue Himmelswölbung. Vielleicht rührt dieser Glanz von den durch Wind oder Begeisterung hervorgerufenen Tränen in ihren Augen. Hauchfeine, fast durchsichtige Wolkenschleier ziehen in ihrer Nähe vorbei.

Sie steigt und steigt. Tief unten und weit vorne entdeckt sie Länder, die sie noch nie auf einer Karte gesehen hat und deren Namen sie nicht kennt. Allerdings war sie auch nie besonders gut in Erdkunde gewesen. Sie wähnt sich im Traum, aber ihre Finger, die langsam etwas kalt und klamm werden vom frischen Wind, der hier oben weht, zeigen ihr, dass sie wach ist. Hellwach und weitsehend. Sie erblickt eine fantastische Landschaft vor sich, offensichtlich unberührt von Menschenhand. Weite grüne Ebenen münden in Täler, von Flüssen wie von Scheiteln durchzogen, Hügel erheben sich, wachsen zu Bergen, zu schneebedeckten Gletschern. Das Licht ist einfach nur hell, ohne dass sie versucht wäre, es sonnig zu nennen. Was sie erstaunt, ist die Tatsache, dass sie sich trotz der Höhe nicht schwindelig fühlt. Ein Gefühl, das sie unten am Boden sehr wohl kennt. Sie hat einen leichten Rucksack auf dem Rücken, sicher mit Wäsche zum Wechseln und etwas Proviant. Genau kann sie sich nicht mehr erinnern, was und wann sie gepackt hat. Wie sie es bewerkstelligen wird, an den

Inhalt zu kommen, weiß sie noch nicht, aber es macht ihr auch keine Sorgen. Mittlerweile ist sie so hoch, dass sie den Fuß der Leiter nicht mehr sehen kann, wenn sie hinunterschaut. Sie sieht nur, dass sie jetzt schräg zur Welt steht, sich also nicht nur in die Höhe, sondern auch horizontal in die Weite bewegt. Die Gletscher kommen näher, aber noch bevor sie ihr im Weg stehen könnten, werden sie kleiner und verschwinden unter ihr. Weit und breit nicht die Spur eines Menschen oder eines Werkes von seiner Hand. Keine Straßen, keine Städte, auch keine Flugzeuge in der Luft. Sie ist wohl zu weit über allem. Aber fliegende Tiere gibt es. Manche leisten ihr für eine Weile Gesellschaft, setzen sich ein paar Sprossen tiefer auf die Leiter, lassen sich mittragen und fliegen dann irgendwann weiter, worüber sie nicht unglücklich ist, denn teilweise sehen diese Wesen sehr abenteuerlich, ja furchterregend aus. Solche Tiere hat sie zuvor nie gesehen, auch nicht auf Bildern. Vielleicht ist es wie in der Tiefsee, denkt sie, und auch hier in der Höhe sind weite Gebiete unerforscht. Vielleicht ist rechts und links der Fluglinien unbekanntes Niemandsland.

Geräusche sind da. Wie winddurchwebter Vogelgesang klingt es in ihren Ohren, der kommt sicher nicht von den mitreisenden Tieren. Ein voluminöser, sie umhüllender Schall, im Hintergrund Wasserrauschen. Und helle, glitzernde Töne, die sie nicht zuordnen kann. Vielleicht klingt so Höhenluft, denkt sie. Hinter den Gletschern öffnen sich weite Felder, die Farben ändern sich, gelb, braun und beige überwiegen, da und dort ein Hauch von Rot. Dann Sand. Wieder einmal ist sie an der Spitze der Leiter angekommen und zieht mühelos die nächste Verlängerung hervor. Natürlich werden diese Verlängerungen immer ein bisschen schmaler, je höher sie kommt, aber sie selbst scheint auch zarter zu werden, denn mühelos steigt, ja schwebt sie hinauf. Das Rauschen wird stärker, und die Farbe wird blau.

Der Ozean. Das muss er sein. Er schwingt und tanzt, und jetzt wird ihr doch ein wenig schwindelig. So eine große Fläche, und außer von einigen Inseln und Felsen durch nichts unterbrochen. Kein Schiff, keine Störung. Nur dieses Wabern und Wogen tief unter ihr. Nach drei weiteren Verlängerungen ihrer Leiter sieht sie wieder Festland. Bis sie dorthin kommt, dauert es. Das Meer leckt an den Rändern, fingert mit schmalen Flüssen ins Innere des Landes. Die Leiter neigt sich immer mehr. Die Höhe scheint nun abzunehmen. Jetzt hat sie das Gefühl, sich waagrecht zur Erde fortzubewegen. Es wird grün unter und vor ihr, dunkelgrün. Und es wird feucht und immer wärmer. Sie spürt auf einmal großen Hunger. Aber die Reise geht weiter. Sie hat jedes Zeitgefühl verloren.

Als die Leiter mit einem sanften Wippen, das einem vorsichtigen Anklopfen gleicht, auf der höchsten Erhebung weit und breit anlegt, weiß sie noch nicht, dass sie auf dem Julianatop in Suriname gelandet ist. Eine wohltuende Wärme empfängt sie. Hier will sie bleiben.

Da fällt ihr siedend heiß ein, dass sie vergessen hat, zu Hause den Kühlschrank auszuleeren.

Nach innen

Es ist ein wunderschöner, sonniger Tag, sie ist in ihre Gedanken verstrickt und geht einfach los, um sich zu befreien, ein bisschen über sich und ihr Leben, über Götter und Menschen nachzudenken. Eigentlich will sie nicht weit weg, sondern bald wieder nach Hause zurück. Eine entsprechende Nachricht lässt sie auf dem Küchentisch. Sie will nur die Luft draußen riechen und den Sommer und ein bisschen Licht auf die Nase. Und vielleicht ...

Sie geht also aus dem Haus und ahnt noch nicht, dass es eine verwickelte Geschichte wird, in die sie da hineingerät.

Denn bereits nach wenigen Minuten, an einer unspektakulären Gabelung des Weges, stolpert sie über etwas, strauchelt und stürzt. Nicht heftig, nicht dass sie das Bewusstsein verloren oder sich etwas gebrochen hätte, aber sie ist sehr verwundert, ja erschrocken, an dieser so übersichtlichen Stelle gefallen zu sein. Noch am Boden liegend schaut sie sich um, sucht den Grund. Da fällt ihr ein Schneckenhaus ins Auge. Ziemlich groß ist es, sieht trocken aus und verlassen. Es ist in zarten Ockertönen gestreift, ein wenig Weiß dazwischen, dezent und vornehm, die vordere Wölbung mit der Öffnung ist besonders schön geschwungen und erstaunlich weit. Dieser Gang hinein schimmert in der ersten Biegung warm rötlich durch die Sonnenstrahlen, die das dünnwandige Gebilde durchdringen, bevor der Weg, immer dunkler werdend, und das Licht hinter der nächsten Kurve verschwinden. Jedenfalls für sie, die da auf dem Boden liegt und die Windung nicht weiter verfolgen kann.

Sie schiebt sich etwas näher heran. Der Eingang vergrößert sich, sie kommt auf die Knie, nein, sie hat wirklich keine Schmerzen, sich wunderbarerweise nichts getan.

Als sie sich aufrichtet, ist die hell schimmernde Decke des Gehäuses knapp eine Handbreit über ihr.

Sie geht erst zögernd, dann immer mutiger Schritt für Schritt in das Haus, alles funktioniert noch, denkt sie dankbar und widmet sich selbst mehr Aufmerksamkeit als der wundersamen Umgebung. Doch nach der zweiten Biegung entfährt ihr ein erstauntes *Ach*. Seitlich haben sich die Wände in Bücherregale verwandelt, dicht bestückt mit allem, was ihr Herz begehrt. Eine komplett eingerichtete Bibliothek. Sie liest erfreut Titel ihrer Lieblingsautoren und entdeckt Werkausgaben von Schriftstellerinnen, die sie schon so lange, eigentlich ihr Leben lang, gesucht hat. Dazwischen Unbekanntes, das sie neugierig macht. Sie geht weiter und weiter, bestaunt kostbare Faksimiles, moderne Bildbände, Rücken an Rücken, erst große Folianten, dann immer kleiner werdende Buchformate. Milchig durchscheinendes, sehr angenehmes Licht begleitet sie, es blendet nicht, doch erlaubt ihr, auch die feinsten Schriftzüge zu entziffern. Sie geht weiter, wendet sich ins Innere und muss den Kopf einziehen, da die Deckenwölbung niedriger wird, sich dann nach vorne beugen und immer tiefer bücken. Und hat Glück, denn bevor sie auf die Knie hinunter und kriechen müsste, endet der Gang in einem runden Raum mit einem einladend aussehenden, etwas abgewetzten Sofa.

Erleichtert, aber auch erschöpft von der ungewohnten Art der Fortbewegung setzt sie sich erst einmal, gleitet unversehens ins Liegen und schläft sofort ein. Als sie aufwacht, fühlt sie sich wie neugeboren in einer gleichzeitig vertrauten und doch fremden Welt. Voller Neugier steht sie auf, geht langsam noch einmal zurück, liest aufmerksam die Titel all der aufgereihten Bücher und nimmt da und dort eines aus dem Regal. Als sie den Stapel kaum noch tragen kann, begibt sie sich wieder in den Raum mit dem Sofa. Sie setzt sich, legt die Bücher neben sich und beginnt zu lesen.

Als Erstes öffnet sie einen Band mit Reisebeschreibungen zur See. Sie taucht ein, begleitet den Kapitän und ist lange mit ihm unterwegs, bis in die Antarktis. Sie nimmt es als selbstverständlich, dass sie die holländische Sprache der Aufzeichnungen versteht, bestaunt die detaillierten und gleichzeitig poetischen Karten der Küstenverläufe, mit fantastischen Tieren, die sich überlebensgroß aus den Meeren erheben. Sie ist auch nicht verwundert, dass ihr die nautischen Angaben der Karten vertraut sind. Von der Antarktis aus bereist sie die Weltmeere und vergisst alles um sich herum. Nach Stunden oder Tagen taucht sie wieder auf. Sie beginnt mit dem zweiten Buch, der Beschreibung einer Reise nach Italien, ohne Karten und Bilder, aber der Text ist so anregend, dass sie die auch gar nicht braucht, sie steigt hinein und befindet sich sofort in einer ganz anderen Welt mit anderen Temperaturen, Gerüchen, Tönen. Sie verweilt sehr lange. Anschließend bereist sie Regenwälder in Südostasien. Und danach Wüstengegenden in Afrika.

Sie spürt weder Hunger noch Durst und auch keine Müdigkeit mehr. Sie wird bleiben.

Monika Helfer
Sechs Geschichten

Rattenfänger des Gewissens

Mir war über eine sehr alte Dame berichtet worden, die in einem Tal im Montafon in Vorarlberg lebte und von der man behauptete, sie könne in die Zukunft schauen und sie könne Unheilbare heilen. Sie sei über neunzig Jahre alt und lebe allein, verfüge aber über ein Mobiltelefon. Ich erreichte sie nach einigen Versuchen, und sie sagte mit fester, naher Stimme, dass sie mich »empfangen« wolle. Ich fuhr mit Zug und Autobus. Am Ende ging es beschwerlich und kurvenreich durch den Wald, und nachdem ich als Letzte an der letzten Haltestelle ausgestiegen war, musste ich noch eine halbe Stunde steil aufwärtsgehen und war dann an der Baumgrenze.

Sie hatte mir am Telefon genau den Weg beschrieben und gesagt, dass der Eingang offen stehe, weil sie schwer zu Fuß sei. Ich trat durch den niedrigen Eingang in einen Vorraum und rief meinen Namen und den Namen der Frau. Eine Tür öffnete sich. Das Zimmer war mit Teppichen ausgelegt. Auch an den Wänden hingen Teppiche, manche waren ein Stück weit auf die Decke genagelt. Eine Höhle war das. Die Frau saß in einem Lehnstuhl, sie hatte die Tür mit ihrem Stock aufgezogen, nun stieß sie die Tür wieder zu. Sie war zart, wirkte nervös, reichte mir ihre Spinnenfinger und sah mich scharf an. Ihr Körper war in eine bunte Decke gehüllt, auf der Decke glaubte ich Menschenköpfe zu erkennen. Ihr Haar war silberweiß und leuchtete. Wie auf alten Bildern, die mit Hand koloriert waren und chinesische Opiumsüchtige zeigten, so war ihre Haut, glatt und gelb und makellos und ohne Leben. Man hatte mir erzählt, dass sie viel gereist sei und sich vor zehn Jahren in diesem Haus niedergelassen habe. Eine Frau aus dem Dorf brachte ihr jeden Donnerstag Lebensmittel und versorgte sie mit Medikamenten, der Arzt besuchte sie einmal im Monat. Es kamen Einheimische, um sich bei ihr Rat zu holen, ob der nun Tiere oder Menschen betraf. Man sagte ihr Erfolge bei der Heilung der kompliziertesten Krankheiten nach. Außerdem hieß es, sie sei schon hundertmal gestorben.

Ich wollte nach unserem Gespräch ihren Arzt aufsuchen und ihn um seine Meinung bitten und seine Erfahrungen mit ihr. Ein Freund, ebenfalls Arzt, hatte mir einmal gesagt, mit der ärztlichen Schweigepflicht werde es bei Patienten über achtzig nicht mehr so genau genommen, über achtzig gehöre man sozusagen allen.

Die Frau war eine Dame. Auf dem Land, noch strenger in den Bergen, wird genau unterschieden. Immer noch. Der Unterschied war deutlich zu erkennen. Ihre Lippen waren geschminkt, ihre Nägel lackiert, die Augen nachgezogen. Sie hatte einen kantigen Ton in der Stimme. Sie wies mich an, auf dem Schemel zu ihren Füßen Platz zu nehmen. Es war eine Anweisung, eigentlich eine Zurechtweisung.

Während unseres Gesprächs begann es zu regnen, immer stärker, irgendwann fiel der Strom aus, und wir saßen im Dunkeln. Ich hatte vergessen, mein Handy aufzuladen. Wir waren ganz für uns, und mir war schaurig zumute. Sie zündete eine Kerze an, die verlosch gleich wieder, sie versuchte es noch einmal, ohne Erfolg. Sie kommentierte weder den Regen noch den Stromausfall noch die widerspenstige Kerze noch die Dunkelheit.

Sie erzählte. Sie erzählte von ihrer Rückkehr nach Europa. Sie erzählte von ihren Reisen durch die Mongolei. Sie hatte dort siebenundzwanzig Jahre gelebt und die Kunst des Heilens erlernt und diese Kunst bald besser beherrscht als ihre Lehrer und war am Ende wie eine Heilige behandelt worden.

Sie sagte: »Die Menschen haben mich wie eine Heilige verehrt, und ich habe es mir gefallen lassen.«

Ich fragte: »Was meinen Sie damit?«

»Ich habe wie eine Heilige gehandelt«, antwortete sie.

»Und wie handelt eine Heilige?«

»Sie tut Gutes und ist manchmal grausam.«

»Grausam? Wie grausam?«

»Wenn ich nicht helfen konnte, habe ich zugesehen, wie der Tod kam. Ich habe die Augen nicht vor ihm verschlossen.«

»Das ist grausam?«

»Grausam ist, wer nie weint.«

»Und Sie haben nie geweint?«

Ihr Leben bei den Nomaden hatte sie widerstandsfähig gemacht, sie hatte extreme Kälte ertragen und extreme Hitze, sie hatte sich von Schafen ernährt und von Maden, die sich von Schafen ernährt hatten. Sie hatte manchmal zwanzig Stunden geschlafen und manchmal vierzig Stunden nicht geschlafen. Sie konnte fünf Liter Wasser auf einmal trinken und zehn Tage lang gar nichts trinken.

»Mit der Zeit habe ich mich selbst wie eine Heilige gefühlt.«

»Wie fühlt es sich an, eine Heilige zu sein?«

»Man fühlt nichts. So fühlt es sich an. Man hängt an niemandem, man erinnert sich nicht an den vorangegangenen Tag und erinnert sich nicht, dass man ein Kind war, und man liebt niemanden. Und deshalb weint man nicht. Man hilft, aber man hat keine Freude daran. Das merken die Menschen, und das finden sie grausam. Sie denken, sie hilft, weil sie helfen muss, und nicht, weil sie helfen will, und darum dachten sie, ich sei eine Heilige.«

Das Leben hier in den Vorarlberger Bergen fiel ihr leicht.

Sie erzählte mir die Geschichte, als sie dem Gobi-Bären

begegnet war, dem Mazaalai. Es war ein männliches Tier gewesen und über zwei Meter groß. Er hatte Menschen gefressen, er hatte kleine Kinder in der Mitte auseinandergerissen, er war an den Kugeln, die auf ihn abgefeuert worden waren, nicht gestorben, er hatte sich in die Träume der stärksten Männer geschlichen.

»Wie soll das gehen?«, fragte ich.

»Es war so. Sie sind verrückt geworden vor Angst. Er hat in ihrem Gehirn Schaden angerichtet.«

»Sie meinen das im übertragenen Sinn.«

»Dort gibt es nichts im übertragenen Sinn. Nur bei uns gibt es etwas im übertragenen Sinn. Wenn wir etwas nicht glauben, sagen wir, es sei im übertragenen Sinn gemeint. Er war in ihrem Gehirn.«

»Bin ich zu materialistisch, wenn ich sage, ich kann mir nicht vorstellen, wie ein zwei Meter großer Braunbär im nicht übertragenen Sinn im Hirn eines Mannes sein Unwesen treibt?«

»Es war so«, antwortete sie. »Mehr kann ich dazu nicht sagen. Ich habe den Mazaalai aus dem Gehirn der Männer herausgeführt. Ich habe ihn gelockt, ich habe ihm geschmeichelt, habe ihm süßen Honig versprochen.« Und kichernd fügte sie hinzu: »Ehe Sie fragen, junge Frau: Ja, er war gleichzeitig in den Gehirnen von vier starken Männern, und ich habe ihn herausgeführt, und er ist mein Haustier geworden.«

Ich sagte: »Ich bin keine junge Frau.«

Und ich sagte: »Ich glaube Ihnen.«

Ich konnte nicht mitschreiben, wie ich es mir vorgenommen hatte. Ich erzähle hier aus dem Gedächtnis. Ich sah nichts. Nicht einmal ihre Umrisse. Ich hörte sie aus dem Schwarzen reden. Ich fuchtelte mit der Hand vor meinem Gesicht herum. Ich sah nichts.

»Was fühlen Sie, wenn Sie die Hand vor Ihrem Gesicht bewegen und sie nicht sehen?«, fragte sie.

»Können Sie Gedanken lesen?«, fragte ich.

»Nein«, sagte sie, »aber ich kann mich in andere Menschen hineinversetzen. Also: Was fühlen Sie?«

»Sagen Sie mir, was ich fühle!«

»Sie werden sich allmählich fremd. Ist es so?«

»Ja.«

»Sehen Sie, darum bewegen Sie die Hand nun nicht mehr vor Ihrem Gesicht. Es ist, als gehöre die Hand nicht zu Ihnen. Sie fürchten, wenn Sie die Hand weiter vor dem Gesicht hin und her bewegen, zieht diese Fremdheit über Ihren Arm weiter zu Ihrer Schulter und legt sich schließlich über Ihren ganzen Körper. Habe ich recht?«

Sie hatte recht.

»Besteht Ihre Heilkunst darin, sich in andere Menschen hineinzuversetzen?«

»Jede Heilkunst besteht darin.«

»Oft besteht die Heilkunst im Verschreiben der richtigen Medizin.«

»Das ist das Gleiche.«

»Das verstehe ich nicht.«

»Manchmal nützen Tabletten, manchmal nicht. In sehr vielen Fällen nützen Placebos. Es genügt nicht, sich nur in Menschen hineinzuversetzen.«

»Sondern?«

»In alles.«

»Was heißt das?«

»Alles ist alles. Ich sehe in der Nacht, wenn ich mich in die Dunkelheit hineinversetze, ich lösche den Durst, wenn ich mich ins Wasser hineinversetze. Ich nehme den Kopfschmerz, wenn ich mich in Aspirin hineinversetze.«

»Das heißt, das kann jeder?«, schlussfolgerte ich.

»Jeder kann es, aber manche können es besser und

manche schlechter, manche können es bei wenigen Dingen, manche bei vielen. Und manche können es bei allen Dingen.«

»Sie können es bei allen Dingen?«

»Bei vielen.«

Ich wollte eine Frage stellen, traute mich aber nicht. Sie wartete auf meine Frage. Sie wusste, welche Frage ich stellen wollte. Aber sie wollte, dass ich sie stellte.

Lange war es still. Sehr lange. Ich hatte zu lange nichts gesagt und fürchtete, meine Stimme würde mir fremd sein und diese Fremdheit würde sich von meiner Stimme auf mein Gesicht ausbreiten und von dort auf meine Brust und auf mein Herz.

Dann fragte ich es doch, wusste aber nicht und weiß es bis heute nicht, ob ich die Frage laut aussprach oder nur dachte: »Sie sind jetzt in meinem Kopf, wie der Mazaalai im Kopf der vier Männer war. Habe ich recht?«

Sie antwortete nicht. Ich nahm das als Zustimmung.

»Ich will das nicht«, sagte ich.

Sie antwortete wieder nicht.

»Ich weiß nicht genau, wie Hypnose funktioniert«, sagte ich, »und ich weiß vor allem nicht, wie sie funktioniert, wenn der Hypnotiseur nichts sieht und der Hypnotisierte nichts sieht, aber ich weiß, dass Hypnose nicht funktioniert, wenn sich einer nicht hypnotisieren lassen will. Ich will nicht, hören Sie, ich will nicht!«

Sie sagte nichts.

»Ich will nicht!«, wiederholte ich.

Ich spürte, wie sie in meinem Kopf herumging. Wie sie Türen öffnete. Wie sie über Stiegen ging. Wie sie Kästen öffnete. Wie sie in meinem Schreibtisch nach etwas suchte. Wie sie in meinem Badezimmer an meiner Seife roch. Wie sie sich meine Kleider vor die Brust hielt. Wie sie in meiner Küche den Tisch aufräumte. Wie sie sich ein Glas Wein einschenkte. Wie sie meine Pflanzen goss. Wie sie meine Post durchsah. Wie sie meinen Laptop öffnete und meine Mails durchsah.

»Ich will nicht«, sagte ich. Ich hörte meine Stimme, sie war schwach. »Ich will bitte nicht. Ich will bitte, bitte nicht.«

Dann war es wieder lange still.

Ich dachte: Sie ist eingeschlafen. Ich beugte meinen Kopf an ihre Brust. Ich hörte keinen Atem. Ich griff ihren Puls, da war nichts mehr. Ihre Hände fühlten sich kalt und leer an. Ich tastete mich durch das Zimmer, versuchte vor dem Fenster etwas zu erkennen, hörte nur das Prasseln des Regens. Niemand wusste, wo ich war. Der Kopf der Dame war auf die Seite gerutscht. Sie atmete nicht, weil sie tot war.

Wenn ich als Kind Angst gehabt hatte, war dies meine Methode gewesen: laut reden. Jede meiner Bewegungen beschrieb ich laut: »Ich stehe jetzt von meinem Sessel auf. – Ich gehe jetzt an das andere Ende des Zimmers. – Ich bin jetzt am anderen Ende des Zimmers angekommen. – Ich lege meine Hand an die Wand, an der Wand hängt ein Teppich. – Ich taste mich an der Wand entlang, ich erinnere mich, dass in dieser Richtung ein Kamin ist. – Ich habe den Kamin erreicht. – Ich versuche, im Kamin ein Feuer zu machen. Ich habe in meiner Handtasche Zündhölzer, ich muss mich zu meinem Sessel tasten. – Ich habe meinen Sessel erreicht. – Ich weiß, wo meine Tasche ist, ich greife in die Tasche. – Ich halte die Schachtel mit den Zündhölzern in der Hand.«

Es gelang mir, den Kamin anzufeuern. Ich vermied es, auf die Dame zu schauen. Ich legte Scheite nach. Es wurde allmählich warm. Ich konnte meine Hand betrachten, ohne dass ich mich fürchtete. Die Dame saß in meinem Rücken. Ich rieb meine Hände am Feuer, warf ein Schaffell um meine Schultern. Ich tat, als wäre ich allein. Ich versetzte mich in den Zustand des Alleinseins. Diese Frage hatte ich ihr stellen wollen: Ob man sich nur in Menschen und Tiere und Dinge hineinversetzen kann oder auch in Zustände. Ich wollte sie fragen: Können Sie sich in den Zustand des Todes hineinversetzen? Ich war mir sicher, ihre Antwort wäre gewesen: Ja.

Ich drehte mich zu ihr um.

Sie sah aus wie eine Heilige. Wie die Figur einer Heiligen. Als wäre ihr Gesicht aus Wachs und ihr Körper aus einem Drahtgestänge.

Ich sagte: »Ich weiß, dass Sie nicht tot sind. Ich weiß, dass Sie sich nur in den Tod hineinversetzen. Sie wussten, dass ich Ihnen diese Frage stellen wollte. Und weil ich mich nicht getraut habe, sie zu stellen, führen Sie mir die Antwort vor. Aber jetzt ist es genug.«

Sie hatte davon erzählt, dass sie in Wien durch den Stadtpark gegangen war. Sie habe sich aufnahmefähig gefühlt wie ein junges Lexikon und habe alles aufgesaugt, was sie sah.

»Es ist wunderbar, nach so langer Zeit wieder nach Europa zu kommen«, hatte sie gesagt.

»Was ist daran wunderbar?«, hatte ich gefragt.

»Der schöne Unglaube.«

»Damit kann ich nichts anfangen.«

»Eben das meine ich.«

»Erklären Sie es mir, bitte.«

»Ich landete in Wien«, erklärte sie es mir, »und ich fuhr mit der Schnellbahn in die Stadt, ich spazierte durch den Stadtpark, und ich wusste, meine Leute sind bei mir.«

»Wer sind Ihre Leute?«

»Sie waren bei mir«, sagte sie, beantwortete aber nicht meine Frage. »Sie versteckten sich vor mir. Nein, das ist nicht richtig«, korrigierte sie sich, »sie versteckten sich vor der Stadt. Sie fürchteten sich vor der Stadt.«

Auf den Bänken im Stadtpark seien Planen ausgebreitet gewesen, unter denen bewegte es sich. Menschen hatten sich dort Schlafplätze zurechtgemacht.

»Das waren Obdachlose«, sagte ich. »Das waren nicht Ihre Leute.«

Das hatte ich zu ihr gesagt.

Ich sah dieses Bild vor mir, die lange Reihe der Bänke im Wiener Stadtpark und die Planen darauf, und wie sich die Planen bewegten. Ich tastete mich zu der Dame, um sie erneut anzufassen.

»Du bist tot«, sagte ich laut, »morgen werde ich dich auf den Tisch legen und aus dir einen richtigen Leichnam machen, einen europäischen.«

Dann legte ich mich zu ihren Füßen nieder und schlief ein.

Ich schlief zwei Stunden.

Ich trat durch den Vorraum, öffnete die Tür. Es schneite. Es war Juli, und es schneite. Der Schnee reichte mir bis zu den Knien. Und es schneite so dicht, wie ich es nie gesehen hatte. Ich lief ins Haus zurück. Beruhigte mich damit, dass die Frau aus dem Dorf kommen würde, um nach der alten Dame zu sehen. Es war Donnerstag. Aber ich wusste nicht, wie sie durch den Schnee hätte kommen sollen. Immer noch war kein Strom. Mein Handgelenk blutete, und gestocktes Blut sah ich auf der Decke der Dame. Unter den Teppichen an der Wand liegen keine Obdachlosen, dachte ich. Und dachte sogleich: Wie komme ich auf diesen Gedanken? Und ich wehrte mich gegen den Gedanken, dass ich in meinem Kopf ihre Schritte hörte. Hier bin nur ich mit einer Toten. Durch die Fenster sah ich Morgenlicht, Schneetreiben, bald dann reichte der Schnee bis an die Scheibe.

Ich stöberte im Besitz der Dame. Fand Medikamente, eine Bärentatze, kleine Bällchen von Harz, Stofffetzen, die klebrig waren, Nadeln in verschiedenen Größen. Ich stellte mich ans Fenster, las in dem wenigen Licht die Beipackzettel der Medikamente. Fand einige Ampullen, Schmerzmittel. Schmerzpflaster. Ich klebte ein Schmerzpflaster an meine Stirn, ein anderes auf meinen Bauch. Ich nahm nervenberuhigende Tropfen und aß aus einem Glas blaue Pflaumen.

Die Tropfen machten mich müde, ich legte mich so weit wie möglich von der Dame entfernt auf den Teppich, deckte mich mit einem anderen Teppich zu und wachte nach einer Stunde fröstelnd auf. Das Feuer war erloschen.

Ich räumte den Tisch leer, die Bücher, die kleinen Figuren, Perlenschnüre, Kerzenhalter, alles legte ich der Reihe nach an die Wand. Es sah aus wie eine Schlange von Wartenden. In jedem Ding konnte sie sein. In jedem Ding war sie schon einmal gewesen. Ich hob die Dame hoch, sie war leichter, als ich dachte, und bettete sie auf den blanken Tisch. Rechts und links neben ihr zündete ich Kerzen an. Ihr Gesicht war fahl. Ich bemerkte den Schmuck um ihren Hals und die Perlen an ihrem Gürtel. Ihre Haare sahen nicht mehr aus wie leuchtendes Silber. Sie waren verfilzt.

Ich kämmte sie. Die Haare reichten ihr bis zu den Oberschenkeln. Ich kämmte vorsichtig. Ich drapierte ein paar von den künstlichen Blumen in ihr Haar, es gab davon reichlich an den Wänden. Dann drückte ich ihr die Augen zu. Sie klappten nach hinten wie bei einer kaputten Puppe, bei der das Augenband gerissen ist.

Wenig hatte ich erfahren. Mir blieb nichts anderes übrig, als zu warten.

Ich fand keine Schneeschaufel, und so war es mir nicht möglich, das Haus zu verlassen. Wohin hätte ich auch gehen sollen? Im Schnee hätte ich den Weg nicht gefunden. Es gab reichlich Essen in Gläsern. Eingemachtes Obst, von dem aß ich. Ich probierte, Hirse zu kochen, sie schmeckte nicht. Alle Töpfe, die ich fand, füllte ich mit Schnee und stellte sie aufs Feuer. Das heiße Wasser goss ich vor das Haus, damit ich hinaustreten konnte, um in die Schneelandschaft zu schauen. Die Bäume hatten sich unter der Schneelast gebogen und sahen aus wie Laternen.

Ich durchsuchte das Zimmer. Ich wollte Aufzeichnungen finden, Berichte von ihren Reisen. Ich fand unter einem Haufen kleiner Tannenzapfen und Samen in verschiedenen Größen ein vollgekritzeltes Heft. Ich konnte die Schrift nicht lesen. Einige Zeichnungen waren darin. Menschen unter Planen. Hatte sie also gezeichnet, was ihr im Wiener Stadtpark begegnet war? In meinem Herzen wurde es finster, sobald der Abend einbrach, ich suchte nach Medikamenten zum Schlafen, und bald war auch in mir kein Licht mehr.

Der Mazaalai kam in der Nacht, er legte sich zu der Dame auf das Totenbett. Die Teppiche lösten sich von den Wänden, und die Menschen darunter traten hervor, sie waren geschrumpft und nur eine Handspanne groß. Sie reihten sich um das Totenbett auf. Ich hörte sie summen, sie sangen leise. Ich stellte mich schlafend, um die Feier nicht zu stören.

»Wenn der Frühling kommt, wird alles gewesen sein«, hörte ich mich sagen.

Man hat mich gefunden. Ich habe keine Fragen gestellt. Ich bin nicht gefragt worden. Man war froh, dass ich bald gehen wollte. Nichts von dem Meinen war verloren gegangen. Auch die Rückfahrkarte nicht.

Ein Hirsch frisst, wo er will

»Ein Hirsch frisst, wo er will«, sagte einer zu seinem besten Freund, und er meinte damit, dass er sich seine Liebschaften nicht ausreden lasse, auch nicht von ihm. War eine delikate Angelegenheit. Der Hirsch wusste nicht, dass sein bester Freund über die Affäre mit seiner Frau informiert war. Sie selber hatte es ihrem Mann gestanden. Eines Nachts im Bett, als sie wieder einmal nicht schlafen konnte, hatte sie sich an ihn gelehnt und geweint, und er hatte voller Empathie gefragt, was denn los sei. Sie druckste herum, und endlich, eingeleitet von einem Weinkrampf, sagte sie, sie wolle sich scheiden lassen. Nicht weil er, ihr Ehemann, nicht lieb zu ihr sei, sondern im Gegenteil.

»Was heißt ›im Gegenteil‹?«, hatte er gefragt. »Liebst du einen Bösen, von dem du dich gern verprügeln lässt?«

Da schluchzte sie noch mehr und verwendete ein Fremdwort, das er ihr nicht zugetraut hätte: Obsession. »Es ist eine Obsession. Von seiner und von meiner Seite. Willst du wissen, wer er ist?«

Und ob er es wissen wollte.

»Dein bester Freund«, sagte sie. »Er ist so wild, und ich bin ihm verfallen. Wir sind auf einer wilden Reise. Auf unseren Körpern reisen wir. Anders lässt es sich nicht ausdrücken. Ich weiß, das muss dir unendlich wehtun. Weil wir beide, du und ich, ja nie auf unseren Körpern gereist sind. Jedenfalls nicht gemeinsam. Darum kannst du dir das ja auch nicht vorstellen. Aber stell dir einfach vor, du reist auf meinem Körper. Kannst du dir das vorstellen? Ich glaube, das kannst du dir vorstellen. Ich weiß sogar, dass du dir das vorstellen kannst. Einmal hast du etwas in der Richtung gesagt. Das weiß ich hundertprozentig noch. Ich habe dich glücklich gemacht, vergiss das nicht. Das musst du anrechnen. Du hast gesagt, wenn du die Augen zumachst, ist es, wie wenn du fliegst. Du sitzt auf mir. Und ich rase dahin. Und du bist wie in einem Rausch. Kannst du dir das vorstellen? So ist es.«

»Nehmt ihr Drogen?«, fragte ihr Mann, fragte, was er sonst seine Zwillinge fragte, die Fünfzehnjährigen. »Ihr nehmt doch keine Drogen, oder?«

»Nein«, sagte sie, sie hatte sich inzwischen beruhigt und im Bett aufgesetzt. »Ich kann nicht anders. Verzeih mir alles. Wir wissen nicht, wie wir diese Reise abbrechen können. Ein Auto kann man bremsen, einen Körper nicht, und zwei Körper schon gar nicht. Da geht es dahin, Tag und Nacht. Er kann mich nicht ansehen, ohne dass er sich denkt, ich möchte auf ihrem Körper fliegen, und ich kann ihn nicht ansehen, ohne dass ich denke, ich möchte auf seinem Körper fliegen. Es ist so, es lässt sich nicht anders ausdrücken.«

»Das ist von ihm, oder? Sei ehrlich! Das ist doch nicht von dir, das ist eindeutig von ihm.«

»Ja. So ähnlich.«

»Auf dem Körper fliegen, so ein Blödsinn!«

»Eine Reise ins Ungewisse.«

»Ist das auch von ihm?«

»Das ist von mir.«

»Und dann, wenn das Strohfeuer verloschen und die Asche verflogen ist, dann kommst du wieder zu mir zurück, zu mir, dem Lieben?«

»Du wirst mich dann sicher nicht mehr nehmen wollen.«

»Wahrscheinlich hast du recht«, sagte er.

»Aber sicher bist du dir nicht?«, fragte sie.

»Sicher nicht, nein«, sagte er.

»Weißt du, dass mich das beruhigt«, sagte sie. »Das beruhigt mich total. Weil ich jetzt weiß, dass du damit fertigwirst.«

»Ich werde damit aber nicht fertig«, sagte er.

Er stand auf, obwohl es noch so früh am Morgen war und setzte sich in die Küche. Er kaufte einen Schlagring, und als sein bester Freund den Satz »Ein Hirsch frisst, wo er will« sagte, holte er aus, und der Schlagring schlug.

Die Frau wartete auf ihren Liebhaber. Der meldete sich nicht mehr. Ließ sich verleugnen. Sie passte ihn ab. Als er so vor ihr stand mit seinem zerschundenen Gesicht, die Wunden erst halb verheilt, wollte sie ihn umarmen.

»Genug«, sagte er, »es reicht. Unsere Reise ist beendet. Geh zu deinem Schläger zurück!«

Da genierte sich die Frau und quartierte sich erst bei ihrer Schwester ein. Sie holte die Zwillinge vor der Schule ab und fragte sie, wie es dem Papa gehe.

»An deiner Stelle, Mama«, sagten sie wie aus einem Mund, »würden wir dem Papa ein Geschenk machen – die *Round Shoulder* kaufen, zum Beispiel.«

So einfach stellen sich Kinder das vor. Eine lang ersehnte Gitarre, und alles ist ungeschehen. Ihr Papa weigerte sich ein halbes Jahr, ihre Mama zu sehen. Die Zwillinge gingen in den Hungerstreik und wollten erst damit aufhören, wenn alles so würde wie früher.

Ähnlich wie früher, aber nicht ganz so, nahm das Leben seinen Lauf.

Wie bei einer Zugfahrt

»Was ist«, sagte der Mann zu seiner Frau, »kommst du jetzt?«

Beide standen am Perron, der Mann trug zwei Koffer und wollte seiner Frau den Vortritt lassen.

»Ich fahre nicht mit«, sagte die Frau.

»Wie bitte? Du fährst nicht mit? Wir haben bis Neapel reserviert, soll das jetzt wegen einer Laune verfallen?«

»Du weißt, das ist keine Laune.«

Da sagte er das Wort wieder, bei dem sie in den letzten Tagen immer die Augen verdreht hatte. »Es ist unser Versöhnungsurlaub.« Und sie verdrehte die Augen. »Also komm, steig schon ein«, sagte er und lachte, als wäre die Versöhnung schon vollzogen und das Wort nur mehr eine ironische Erinnerung an die Zeit, als sie sich trennen wollten, »wir bereden alles Weitere auf der Fahrt.«

Sie wollten sich trennen, nach zwanzig Ehejahren, sie waren einander müde, es gab nichts Aktuelles, Seitensprünge bei ihr, Seitensprünge bei ihm, das alles lag Jahre zurück. Die Kinder sollten erst nach der Scheidung informiert werden. Da hatte der Mann die Idee mit dem Versöhnungsurlaub. »Wir dürfen«, hatte er gesagt, »unsere schöne Zeit nicht einfach wegschmeißen, das wäre nicht gerecht.« Die Frau sah das ein. Sie liebte ihren Mann nicht mehr, und ob er sie noch liebte, bezweifelte sie, allein der Gedanke an diese Frage war anstrengend. Er war einfach der bessere Schwindler und Schmeichler. Was er sich wünschte, war eine lockere Ehe mit einem fixen Essenstermin einmal am Tag. Die übrige Zeit sollten sie beide nach Lust verbringen.

»Lust wozu, Lust worauf?«, hatte die Frau gefragt.

»Darüber«, hatte er geantwortet, »brauchen wir uns gegenseitig keine Rechenschaft abzulegen.«

Jetzt war sie eingestiegen, hatte sich auf den reservierten Platz gesetzt. In Fahrtrichtung, ihm gegenüber. Er nahm ihr den Mantel ab und küsste sie auf die Stirn. Das war wieder so herablassend, fand sie. Ein Kind küsst man auf die Stirn. Sie wusste, dass er es nicht herablassend meinte. Dass er nicht spürte, wie herablassend es war, ärgerte sie noch mehr und kränkte sie noch mehr. Es war einer der Gipfel im Gebirge seiner Lieblosigkeit, dass er in zwanzig Jahren nicht gelernt hatte, in ihrem Herzen zu lesen.

Der Mann bestellte das beste Frühstück, schmierte seiner Frau zwei Brote, eines mit Marmelade, eines mit Honig. »Kein Ei?«, fragte er. »Schmeckt ganz passabel hier.«

»Woher weißt du das?«, fragte sie. »Wann hast du jemals im Zug ein Ei gegessen?«

»Ich hab das nur so gesagt«, sagte er.

»Bitte«, sagte sie, »sag während dieses Urlaubs, oder wie du das nennen willst, was wir im Begriff sind zu tun, nie mehr etwas nur so, bitte!«

»Gut«, sagte er. »Versprochen.«

Sie wollte kein Ei. Sie wusste, wie Ei schmeckte. Sie setzte ihre Brille auf und öffnete das Buch beim Lesebändchen. Sie las nicht, schaute aber ins Buch. Er beobachtete sie.

»Wir machen uns einen richtig gemütlichen Urlaub, es liegt nur an uns, wie es sein wird«, sagte er.

»Du meinst an mir«, sagte sie, ohne ihn anzusehen. »Du meinst, es liegt an mir. Bitte, nimm mich ernst!«

»Das will ich«, sagte er.

Sie hatte einen Knoten im Hals und wusste: Jetzt noch ein Wort von ihm, und sie würde weinen. Er setzte sich ihr zur Seite, klappte die Armlehnen zwischen ihnen hoch, neigte seinen Oberkörper zu ihr herüber, eine unbequeme Haltung sicher, sie roch sein Rasierwasser, *Pour Monsieur* von Chanel, sie kaufte es ihm regelmäßig. Sachte hob sie ihre Hand und streichelte über seine dünnen Haare. Könnte sein, dass er diese Geste von ihr erwartete. Gerade fuhren sie an grünen Wiesen vorbei. In Venedig mussten sie umsteigen. Es war Nachmittag und lau, er sah einer jungen Frau in einem knappen roten Kleid nach. Sie ärgerte sich, sagte aber nichts. Er träumte zwei Minuten von einer Kaffeepause mit dieser jungen Frau. Warum kann ich nicht weiterträumen?, fragte er sich. Nach der Kaffeepause könnte es doch weitergehen.

Sie stiegen in den Zug nach Rom. Sie: Fahrtrichtung. Er: Höflichkeit.

Und dann, ohne Vorwarnung, begann er: »Weißt du, wie ich das hasse, immer dieses dich mit Goldhandschuhen angreifen? Können wir, bitte, nicht einfach wie erwachsene Menschen gemeinsam in den Urlaub fahren, bitte? Wenn es dann wieder klappen soll mit uns. Willst du das nicht?«

»Wenn du es willst, werde ich es auch wollen«, sagte sie. »Aber es heißt Glacéhandschuhe, nicht Goldhandschuhe. Und sag bitte nicht in jedem Satz zweimal bitte, einmal in der Mitte und dann noch einmal am Ende.«

»So will ich es aber gerade nicht«, sagte der Mann, »so nicht«, stand auf und setzte sich in ein anderes Abteil.

Mann und Frau erhofften sich einen Neuanfang. Die Ehe sollte weitergehen, aber irgendwie anders, liebevoller. Beide wollten sich bemühen. Aber wie das so ist, man sitzt im Zug, schaut aus dem Fenster, sieht eine Laufmasche am Knie der Frau, einen Fleck auf dem Sakko des Mannes, und schon ist der Unfriede wieder da. Das Steak ist inwendig noch blutig, und vom Salat rinnt zu viel Essig. *Warum ziehst du immer diese dünnen Strümpfe an* und *gib nicht mir das Fleisch auf den Teller, wenn du es nicht mehr magst.* Das dachten sie, sagten aber nichts, lächelten sich an. Dieses bemühte Lächeln glaubte keiner dem anderen.

»Darf ich deine drei Punkte hören?«, fragte er.

Er war nur zehn Minuten, oder weniger sogar, in dem anderen Abteil gesessen, dann war er zurückgekehrt, im Gesicht eine absichtlich plump gespielte Reue, hatte vorgeschlagen, dass jeder von ihnen drei Punkte aufschreibt, wovon er sich wünscht, dass der andere es lassen soll. So hatte er es formuliert, absichtlich plump gespielt.

»Meine drei Punkte sind«, sagte sie.

»Du hast sie ja nicht aufgeschrieben«, sagte er.

»Ich kann bis drei zählen«, sagte sie.

»Ich habe doch nicht gesagt, dass du nicht bis drei zählen kannst«, sagte er.

»Was ich mir wünsche, dass du lassen sollst«, sagte sie, »kann ich auswendig.«

»Dann also«, sagte er.

»Nicht ironisch sein. Zweitens: Mich nicht kritisieren. Drittens: Nicht freundlich tun, wenn du nicht freundlich fühlst.«

Er dachte lang nach, machte ein absichtlich plump gespieltes Gesicht. Dann fragte er: »Hab ich dich recht verstanden: Das alles soll ich lassen?«

»Ja.«

»Zu Punkt eins. Ich soll es lassen, nicht ironisch zu sein?«

»Du weißt genau, was ich meine.«

»Wir haben uns vorgenommen, einander ernst zu nehmen«, sagte er, »und genau das will ich. Du wünschst dir also, ich soll es lassen, nicht ironisch zu sein. Das ist eine doppelte Verneinung. Das heißt, du willst, dass ich ironisch bin. Und dass ich dich kritisiere. Und dass ich freundlich tue, wenn ich nicht freundlich fühle.«

Da stand sie auf und ging in ein anderes Abteil. Sie blieb erheblich länger als zehn Minuten.

»Wir könnten eine Vespa mieten und durch die engen Gassen fahren«, sagte der Mann.

»Meinst du, so tun, als wären wir gerade siebzehn?«

»Zum Beispiel«, sagte der Mann. »Ohne Helm und barfuß.«

Die Frau schloss die Augen und sah sich auf der Vespa sitzen, sie umfing seinen Bauch und wollte den Fahrtwind spüren. Das Gefühl stellte sich nicht ein.

Kaum waren sie in Napoli ausgestiegen, rannte ein schwarzlockiges Mädchen auf sie zu, so um die fünf Jahre, man weiß es bei denen nie so genau, und zupfte die Frau am Ärmel. Es sah mit leuchtenden Augen zu ihr auf und hinauf zum Mann. Die Frau öffnete ihre Geldbörse und gab dem Kind einen Fünfeuroschein. Das Mädchen bückte sich und steckte den Schein in den Schuh. Dann riss es eine Spange aus dem Haar und drückte sie der Frau in die Hand. Die Spange war ein wenig feucht und klebte. Die Frau hielt sie in ihrer Faust. Das Mädchen folgte ihnen durch die Bahnhofshalle, folgte ihnen zum Taxi. Die Frau drehte sich nach dem Kind um, sagte aber nichts. Der Taxifahrer legte das Gepäck in den Kofferraum, machte »Schtsch!«, als verscheuche er ein Tier, und schüttelte den Finger gegen das Kind. Der Mann nun griff in sein Sakko und gab dem Mädchen einen Zwanziger.

Beide saßen sie im Taxi, die Frau beugte sich zu ihrem Mann hinüber und drückte seine Hand. Kein Wort wie üblich, etwa: Das Geld wird sie nicht lange behalten, gleich kommen ihre Bandenmitglieder und nehmen es ihr ab. Nicht ein Gedanke daran. Die Frau öffnete ihre Faust und steckte die Spange in ihre Haare. Was war mit ihnen geschehen? Sie rückten näher zueinander. Sie küssten sich. Nicht er küsste sie oder sie küsste ihn, es war für den Augenblick eine »Gleichförmigkeit ihrer Gedanken«. – Mit diesen Worten erinnerten sie sich später daran.

Später – irgendwann zu Hause – wird er sagen: »Es war eine Gleichförmigkeit unserer Gedanken.«

»Diese Formulierung kommt mir bekannt vor«, wird sie sagen. »Warum kommt mir diese Formulierung bekannt vor? Habe ich so etwas irgendwo gelesen? Dann müsstest du es auch gelesen haben. Hast du diese Formulierung irgendwo gelesen? Wo? Oder habe ich dir davon erzählt? Sicher habe ich dir davon erzählt.«

Er wird gekränkt sein. »Ich habe diese Formulierung nirgends gelesen, und du hast mir nicht davon erzählt«, wird er sagen. »Sie stammt von mir.«

»Von dir?«, wird sie sagen. »Wirklich von dir?« Sie wird übertrieben staunen. »Tatsächlich von dir? Sapperlot!«

»Du traust mir so eine Formulierung nicht zu, hab ich recht?«, wird er sagen.

»Doch, doch«, wird sie sagen.

Und so wird das Gespräch weitergehen:

Er: »Also, jetzt hör einmal zu! Das ist bei Gott keine besonders intelligente Formulierung. Gleichförmigkeit unserer Gedanken. Da blitzt es nicht besonders. Es ist keine dumme Formulierung, aber auch keine allzu intelligente. Eine ganz durchschnittliche Formulierung.«

Sie: »Was möchtest du mir mitteilen?«

Er: »Dass du mir nicht einmal so eine durchschnittliche Formulierung zutraust. Jetzt weiß ich wenigstens, was du von mir hältst.«

Sie: »Es ist bereits alles wieder wie vorher.«

Er: »Und wessen Schuld ist es? Wessen Schuld?«

Sie: »Es ist alles wie vorher. Nicht schlimmer, nicht weniger schlimm. Alles gleich wie vorher. Wenn es wenigstens schlimmer wäre. Aber es ist gleich. Es ist bereits alles wieder, wie es vorher war.«

Er: »Was heißt ›bereits‹? Was heißt ›wie es vorher war‹? Es war nie anders. Meine drei Punkte, erinnerst du dich?

Nein, du erinnerst dich nicht. Du kannst dich gar nicht erinnern. Und warum nicht? Weil ich meine drei Punkte gar nicht vorgetragen habe. Du hast mich nicht zu Wort kommen lassen.«

Das Hotel hieß *Pausilypon* – »Ende des Leidens«. Es sah nicht aus wie im Prospekt, war eben Napoli, da muss man großzügig sein. Das Fenster im Zimmer stand weit offen. Ein dünner Vorhang wehte. Der Blick hinaus auf den Golf und die Bucht von Pozzuoli war ein Versprechen.

Kleiner Mensch

Das ist die Geschichte von Maddy.

Sie war ein Mädchen von fünf Jahren, launisch verwöhnt, einmal von der Mutter, einmal vom Vater. Waren die beiden zufrieden mit sich, wurde das Kind belohnt. Es besaß dreiundzwanzig Puppen und liebte keine einzige. Sie hatte bei einem Spaziergang am Fluss mit ihrem Vater ein kleines Holz aus dem Wasser gefischt, es war schön abgeschliffen und griff sich seidig an. Von Farbe war es silbern, aber nicht wie die Kuchenlöffel der italienischen Großmutter, sondern schiefrig silbrig. Dieses Holz putzte Maddy an ihrem himmelblauen Pullover trocken und küsste es. Es sah aus wie ein kleiner Mensch, fand sie. Der Vater fand das auch, denn er war guter Dinge. Nicht so nachdenklich wie sonst fast immer. Hätte sie ihn dann nach seiner Meinung gefragt, hätte er gesagt »Ja, ja, du hast recht« und hätte nicht gewusst, was Maddy gefragt hatte. Der kleine Mensch wurde das Lieblingsspielzeug von Maddy. Die dreiundzwanzig Puppen legte sie auf einen Haufen und warf eine Decke darüber. Darauf setzte sie sich und redete mit dem kleinen Menschen. Er ließ sich alles sagen und war nicht unberechenbar wie die Mutter, die ein Baby erwartete, das Maddy jetzt schon nicht wollte.

»Du wirst dein Brüderchen oder Schwesterchen lieben, du darfst mit ihm vorsichtig spielen.«

Maddy schüttelte nur den Kopf und zog die Mundwinkel nach unten. Ihr Mund war breit, die Oberlippe fein geschwungen, meistens aber rau, aufgesprungen, weil sie die Gewohnheit hatte, heftig daran zu schlecken, besonders wenn die Mutter vom neuen Baby sprach. Einmal hörte Maddy, wie ihre Mutter zum Vater sagte, dass sie den Bauch hasse und dass sie jetzt schon das Baby hasse und dass sie überhaupt Kinder hasse und auch ihn, ihren Mann, hasse sie. Maddy stand hinter der Tür, hatte die Schultern hochgezogen und schleckte am Mund. Der Vater ließ die Mutter schimpfen und schaute ein wenig traurig, versuchte sie auch nicht zu besänftigen, weil er wusste, es wäre vergebens, würde sie sogar noch wütender machen. Alles nämlich war dann falsch. Der Vater arbeitete in einer Autofirma, aber nur am Computer. Kam Kundschaft mit ihren defekten Autos, schloss er seinen Computer an, und der zeigte dann die Fehler auf. So jedenfalls erklärte er seinen Beruf. Er hatte einen Kollegen in der Firma, mit dem er manchmal nach der Arbeit auf ein Bier ging. Dem erzählte er von seinem Kummer, es war nämlich Kummer für ihn, dass sie noch ein Baby bekamen. Seine Frau war eine schlechte Mutter. Der Mann sagte das nicht, er dachte es sich, laut sagte er: »Verhütungsmittel lehnt sie ab, von der Pille wird sie fett, die Spirale tut ihr weh.« Der Freund sagte, seine Frau lasse sich ein Stäbchen in den Oberarm einpflanzen, das halte drei Monate und verhüte die Empfängnis. Das wollte der Mann dann seiner schwierigen Frau vorschlagen.

»Was hält dich bei ihr, wenn sie so eine Krätze ist?«, fragte der Freund, denn er hatte nach ein paar Bier einiges erfahren.

»Sex«, sagte der Mann, »und Maddy. Der Sex mit meiner Frau ist für mich das Beste überhaupt.«

Ihm kam die vergangene Nacht in den Sinn, und obwohl seine Frau schon hochschwanger war, war der Sex ... ihm fiel kein passendes Wort ein. Als er schon eingeschlafen war, hatte sie sich noch einmal auf ihn gesetzt, und er war aufgewacht und hatte gedacht, er habe geträumt. Am Morgen war sie wieder die Krätze gewesen. Er hatte vorsichtig zu ihr gesagt: »Maddy fürchtet sich vor dir.«

Als dann das Baby geboren wurde, schrie es beinahe den ganzen Tag. Die Mutter konnte nicht stillen, weil alles sie so aufregte, alles, überhaupt alles. Der Vater beantragte zwei Urlaubswochen und buchte eine Reise nach Italien, in das Heimatland seiner Frau, in dem sie sich kennengelernt hatten. Sie war Italienerin, ja, Italienerin, mein Gott, damit hatte er angegeben und war dafür bewundert worden, und er hatte ihre Wutausbrüche lange ihrem Temperament zugeschrieben. Sie würden nicht zu den Schwiegereltern fahren, da gab es nur Streit und zu viel Essen. Er buchte ein Fünfsternehotel. Die Frau jammerte, weil sie niemanden für die Kinder fand. Die Schwiegermutter sagte ab, fand, dass es gut für die junge Familie wäre, sich zusammenzuraufen, als ob das ein Kampf wäre. Es war tatsächlich ein Kampf. Maddy steckte ihren Kopf in das Schlafkissen, und der Vater hob sie hoch, tippte auf ihren Kopf und fragte: »Was wird da drin gedacht, da, hinter deiner Stirn, was wird da gedacht, sag's mir!« Es wurde nichts gedacht, im kleinen Kopf war nur Unsicherheit. Maddy hatte den kleinen Menschen an sich gepresst und gesagt, dass der in den Urlaub mitgehen würde.

Am nächsten Tag dann, die Sachen waren gepackt, das Baby eingewickelt und an Mutters Bauch gebunden, wollte die Familie aufbrechen, aber Maddy fehlte. Sie suchte ihren kleinen Menschen. In einem Anfall von Aufräumwut hatte ihn die Mutter in den Müll geschmissen. Der Vater wühlte in der Tonne. Die Mutter schrie, sie würden das Flugzeug versäumen, das Baby wimmerte. Da machte sich Maddy davon. Erst versteckte sie sich in der Garage, als ihr aber einfiel, dass man sie dort finden würde, wenn sie alle ins Auto stiegen, lief sie hinter den Reihenhäusern an den Gärten entlang und versteckte sich in einer leeren Regentonne. Maddy hatte sie zur Seite gelegt, hatte sich hineingelegt, sich dann verzweifelt wie ein Kreisel gedreht, bis die Tonne sich endlich aufrichtete, und nun stand sie da, dunkelblau, unauffällig. Maddy war nicht zu sehen. Sie hörte, wie ihr Name gerufen wurde. Immer wieder.

So kauerte sie ein paar Stunden in der Tonne, begann auch schon zu wimmern und leise zu rufen. Am Abend entdeckte sie der Polizeihund. Man hatte ihm ein gebrauchtes Höschen von Maddy zu riechen gegeben. Er bellte und stieß gegen die Regentonne, bis sie umfiel, und mit ihr Maddy, verschmiert, verweint, verzweifelt. Der Polizist überreichte sie dem Vater, dem die Tränen in den Kragen liefen. Er drückte Maddy an sich und hatte auch den kleinen Menschen dabei. Glücklicherweise hatte er ihn noch entdeckt, nachdem er die gesamte Tonne ausgeleert hatte.

Seine Frau war musterhaft hysterisch, man gab ihr Beruhigungstabletten, und jetzt lag sie schlafend im Bett. Eine junge Polizistin bewachte sie. Was hatten sie sich schon Schreckliches ausgemalt! Maddy entführt, und dann die Lösegeldforderungen! Stoßweise kopierte Zettel mit Maddys Gesicht an Bäume geheftet, ganze Alleen entlang. Maddy mit den wasserblauen Augen, das Foto mit dem Bubikopf, hätte auch ein Junge sein können. Es gab so schlechte Menschen, verdorbene Verführer. »Bastardo!«, schrie die Mutter.

Als der Vater mit Maddy vor dem Bett der Mutter stand, weinte sie laut und drückte Maddy so heftig an sich, dass sie kaum mehr atmen konnte. Bald darauf hob sie schon wieder ihren Finger und sagte: »Nie mehr, hörst du, nie mehr, bambina terribile!«

Der Vater holte sich Rat bei seinem Freund. Sollte er einen neuen Flug buchen oder die ganze Reise absagen, das teure Fünfsternehotel?

»Sag alles ab«, riet ihm der Freund. »Geh mit Maddy viel spazieren, nehmt das Baby mit und lasst die Krätze allein.«

»Sag nicht ›Krätze‹ zu ihr!«, sagte der Mann. »Sie ist meine Frau, und sie hat mein Versprechen, dass ich für immer bei ihr bleibe.«

Da sagte der Freund nichts mehr. Gern hätte er ihm vorgeschlagen, sich von ihr zu trennen, Sex schließlich gab es überall, und man konnte danach einfach weggehen, befriedigt und ohne Sorge. Dann hätte er auch kein Magenweh mehr.

Wie aber sollte er seiner Frau begreiflich machen, dass es keinen Urlaub geben würde? Alles hatte Nachteile, alles würde von ihr verurteilt werden. Er sagte ab und redete nicht darüber, so als hätte er es vergessen. Seiner Frau sagte er, sie würden die Reise verschieben, er hätte einen großen Teil des Geldes rückerstattet bekommen, was nicht stimmte. Er fasste ihre Hand. Dünne, etwas raue Finger, obwohl sie fünfmal am Tag dick Creme auftrug. Ihre Augen, groß und glitzernd, und die Haare irrsinnig gefärbt, blond, dazwischen dunkle Strähnen, obwohl die Ausgangsfarbe, samtbraun, ihr so gut zu Gesicht gestanden hätte. Wir sind weit mehr als unsere Körper, dachte er sich. Er sah Maddy die Zunge herausstrecken, sie stand hinter ihrer Mutter. Gern hätte er es ihr gleichgetan, aber Solidarität musste sein. Offiziell war er auf der Seite seiner Frau. Maddy blinzelte und versuchte ein Auge zuzudrücken. Das konnte sie nicht richtig, es sah komisch aus.

»Wir bringen Maddy zu meinen Eltern, dann kümmere ich mich ganz um dich und nehme dir das Baby ab.« Es war auch ein Mädchen, schwarzhaarig mit den blauen Augen der Neugeborenen.

Die Großeltern wohnten in einer Kleinstadt. Sie nahmen Maddy vorsichtig auf, der Sohn hatte ihnen gesagt, sie sei sehr schwierig geworden. Kann eine Fünfjährige schwierig sein? Die Großeltern hatten sie ein Jahr lang nicht gesehen und fanden, dass sie ein richtiges Mädchen geworden war. Der Vater fuhr gleich wieder ab, und Maddy schien das nicht zu stören. Sie schleckte an einem Eis und hörte dem Großvater zu. Er nahm sie mit auf seine Spaziergänge und erzählte ihr von den Raben. Maddy war beeindruckt. Der Großvater schlug einen Apfel auf den Boden, er zersprang, Maddy leerte Nüsse aus. Beide versteckten sich hinter einer Scheune, und da sahen sie die Raben auffliegen und sich niederlassen, im Nu war alles aufgefressen.

»Die Raben kennen uns jetzt«, sagte der Großvater. »Du kannst mit ihnen reden, auch wenn du sie nicht siehst. Sie werden dich hören. Du kannst, wenn du aufgestanden bist, das Fenster öffnen und hinausrufen: ›Guten Morgen, ihr Raben!‹ Sie werden dir antworten.«

»Kann ich auch sagen: ›Hallo, ihr Raben‹?«, fragte Maddy.

Viel Besuch kam zu den Großeltern, sie waren bekannt als gute Gastgeber. Die Großmutter stammte aus Berlin und vermisste die Stadt. Hatte sie Gäste und es wurde diskutiert, fühlte sie sich wie damals. Der Großvater spielte am Klavier, alle waren bemüht gekleidet. Großmutter trug ihr Kleid mit Spitzen und Brosche. Maddy saß auf ihrem Schoß, aber nur kurz, sie wetzte hin und her, manche Gäste griffen ihr in die Haare, das gefiel ihr nicht. Sie legte sich mit ihrem kleinen Menschen in das Bett, in dem schon ihr Vater als Kind geschlafen hatte. Sie wollte nicht weinen, aber sie weinte doch. Der Großvater fand sie und fragte:

»Was ist denn mit meinem Rabenmädchen?«

»Ich will heim zur Mama!«

Der Großvater wunderte sich, kannte er doch die Launen seiner Schwiegertochter, und sein Sohn hatte einmal gesagt, dass Maddy sich davor fürchte. So kann man sich irren.

»Was an deiner Mama vermisst du denn?«, fragte der Großvater weiter.

»Wie sie riecht und die Spaghetti.«

»Wir rufen sie an«, sagte der Großvater und wählte die Nummer auf seinem Handy. Sein Sohn nahm ab.

»Deine Maddy vermisst ihre Mama, hol sie ans Telefon.«
»Sie schläft mit dem Baby, und ich will sie nicht stören.«
»Immer schläft sie«, sagte Maddy. »Will sie immer nur mit dem Baby schlafen?«

Erklärungen nützten nichts. Maddy wollte das Baby nicht. *Sie* wollte Mamas Kind sein. Jetzt jedenfalls, an diesem Sonntagabend, wollte sie Mamas Kind sein. Ein paar Gäste trafen sich im Kinderzimmer und redeten auf Maddy ein. Sie wollte keine Geschichten hören. Sie schloss die Augen und stellte sich schlafend.

»Nein, nein, nein«, flüsterte sie, als sie wieder allein war, und warf sich im Bett hin und her. Sie zupfte am Laken, schlüpfte unter die Decke. Am nächsten Morgen war sie verschwunden. Die Großeltern suchten und riefen und flehten, die Eltern sollten noch nicht benachrichtigt werden. Der Großvater hatte es so beschlossen. Erst sollte die Polizei verständigt werden.

Der Großvater fuhr mit dem Fahrrad zu dem Platz, wo sie die Raben gefüttert hatten. An einem Strommast sah er einen toten Raben, umgekehrt aufgehängt. Das sollte Abschreckung sein für die Artgenossen. Maddy sollte das nicht sehen. Sie war nicht da.

Eine Zeit lang hatte sie in der Nacht noch den Geräuschen aus dem Wohnzimmer gelauscht. Reden und Singen und Lachen. Dann war sie in ihrem Nachthemdchen zur Tür gegangen, hatte sie geöffnet und war auf die Straße hinausgelaufen. Sie konnte in zwei Richtungen gehen. Sie lief ein Stück, Septemberwind kam ihr entgegen, ein Bus hielt. Zwei alte Frauen stiegen ein, und Maddy tat, als gehöre sie dazu. Sie wurde gefragt, wie sie heiße und wohin die Reise gehe und warum sie so ein kühles Kleidchen trage.

»Und warum trägst du ein Holz mit dir herum?«
»Ich fahre zu meiner Mama, sie holt mich ab.«

»Und wo holt dich die Mama ab?«

»Bei mir zu Hause.«

Vater, Mutter und das Baby kamen, um Maddy von der Bushaltestelle abzuholen. Die Mutter legte das Baby einfach so auf das Sofa, wie einen Gegenstand, nahm Maddy, die den kleinen Menschen an sich gedrückt hatte, auf den Arm und schaukelte sie, dabei sang sie:

Ninna nanna coccolo della mamma.
Ninna nanna coccolo del papa.
Ninna nanna coccolo della mamma.
Ninna nanna coccolo del papa.

Jahre später, Maddy war gerade vierzehn geworden und hatte bereits ihre erste Menstruation hinter sich, fuhren sie endlich in den versprochenen Urlaub nach Italien. Sie wohnten im fünften Stock eines feinen Hotels. Maddy hatte Luca kennengelernt, dem sie gefiel, er war schwarzlockig und frech. Ihre Mutter und ihr Vater saßen beim Abendessen auf einer Veranda, unter ihnen der Sandstrand und das Meer.

Die Eltern stritten. Maddys kleine Schwester hielt sich die Ohren zu. Die Mutter schlug mit dem Messer auf den Tisch. »Basta!«

Maddy hatte sich mit Luca davongeschlichen. Sie saßen im Sand, und Luca sagte träumerisch: »Tiefe Stille herrscht im Wasser.« Er streichelte über Maddys Gesicht und spürte ihre Unruhe.

»Ich habe eine Idee«, sagte sie zu ihm. Ihr Italienisch war das ihrer Mutter, laut und akzentuiert. »Ich hasse meine Familie! Ich werde sie bestrafen, und du musst mir helfen. Ich gehe jetzt in unser Zimmer im fünften Stock und rufe meinen Eltern auf der Veranda etwas zu. Bleib du hier sitzen. Ich komme dann wieder zu dir, lege mich schnell in den Sand. Es muss aussehen, als sei ich aus dem Fenster gesprungen. Du musst dann losschreien und um Hilfe rufen. Sie sollen richtig Angst um mich haben. Ich will wissen, wer mehr verzweifelt ist, die Mutter oder der Vater. Sicher Papa. Meine Schwester am meisten. Mama schreit nur, weiter nichts. Dann werden sich Leute um mich versammeln. Die Rettung wird kommen. Ich kann meinen Atem lange anhalten und so tun, als wäre ich tot. Habe ich schon oft probiert. Dann, wenn die Verzweiflung am größten ist, springe ich auf. Ich werde mit dir schlafen, wenn du das für mich tust. Ich liebe dich, Luca.«

Luca war verzweifelt. Er würde das nicht können. Auch nicht mit der Aussicht auf die wunderbare Belohnung. Maddy kam ihm grausam vor. Sein Gesicht war so verzagt. Sie umarmte ihn und küsste ihn.

»Ich kann das nicht«, sagte er und lief davon. Es war, als würde er fliegen.

»Ah, cazzo!«, schrie Maddy und warf sich in den Sand.

Der Bär aus Tschita

Ich hatte an einem Sommertag solche Sehnsucht nach einer Reise. Ich suchte bei Google und fand unter »Zarengold« ein Angebot der Transsibirischen Eisenbahn. Allein die Vorstellung von unterschiedlichsten Landschaften, der Wolga-Ebene, dem Ural, der westsibirischen Steppe, der ostsibirischen Bergtaiga, von Temperaturen bis zu 62 Grad minus oder 52 Grad plus, würde meinen Geist aufrütteln und die Traurigkeit verschwinden lassen. Nach hundertsechzig Stunden Fahrt würde ich ...

Ich war den ganzen Juli voller Melancholie gewesen, war mir unnütz vorgekommen, und darum wollte ich mir ein Gegenprogramm verordnen. Ja, mein Herz, ich buchte in der Transsibirischen Eisenbahn einen Platz im Großraumwaggon.

Nicht dass man mich nicht gewarnt hätte. Man warnte mich, das würde mir bald leidtun, denn diese Art zu reisen sei nur für ganz Harte und für arme Russen, aber niemals für Touristinnen, wie ich eine sein würde, egal, wie ich mich auch verkleiden mochte. Es würden hundertsechzig Stunden in der russischen Hölle sein. Ich besorgte mir ein Russisch-Wörterbuch, vor Jahren hatte ich einen Russischkurs belegt, ich konnte ein paar Grußworte, wusste, wie man Essen bestellt und wie man sich entschuldigt.

Mein Daunenschlafsack war während der Reise der allerbeste Freund, er schützte mich vor Kälte, vor schlechten Gerüchen und Lärm. Ich war ganz und gar in ihm verkrochen. Damit diese Formulierung auch richtig verstanden wird: Ich habe mich nicht, ich war in ihm verkrochen. Das Im-Schlafsack-verkrochen-Sein war meine Lebensform, wie das Im-Mutterbauch-Sein die Lebensform des Embryos ist. In meinem Waggon befanden sich vierundfünfzig Betten. Die unteren Betten konnte man hochklappen und einen Tisch daraus machen. Ich hatte wenig Gepäck, warme Anziehsachen, zwei Thermosflaschen, Essbesteck und teures Parfum. Damit beträufelte ich in Abständen immer wieder meine Schläfen und die Handgelenke und die Kopfregion des Schlafsacks. Zusammen mit so vielen Menschen, mein Herz, das ist eine Attacke! Ich fühlte mich bestraft, hörte Murmeln und Lachen, als ob jemand gekitzelt würde. Man interessierte sich nur kurz für mich, starrte in mein Gesicht, als ich eintrat, aber dann war ich wieder vergessen für immer. Ein kleines Mädchen riss sich die Spange aus den Haaren und schenkte sie mir. So etwas geschieht mir öfter. Die Spange hatte die Form einer Blüte. Blieb der Zug stehen, stiegen viele Leute aus und wenige ein. Auf den Bahnsteigen boten alte Frauen dampfendes Essen an, sehr billig und schmackhaft. Pelmeni – Teigtaschen mit Rote-Bete-Füllung – kaufte ich, und Medowucha, ein Honiggetränk, bei dem ich erst zu spät merkte, dass ziemlich viel Alkohol beigemischt war. Es eignete sich zum Einschlafen.

In Tschita stieg ein Mann ein, der sich für mich interessierte. – Warum nur fuhr ich unter solchen Bedingungen! Muss die Melancholie denn für alles herhalten? Weil ich melancholisch bin, fahre ich mit der Transsibirischen Eisenbahn? Doch weil ich verrückt bin! – Nach Grußworten, die ich verstand und erwiderte, packte der Mann seine Tasche aus, nahm Babuschka-Puppen und stellte sie in einer Reihe vor mir auf. Also, dachte ich, wird das ein Vertreter für russische Puppen sein. Er reichte mir seine Wodkaflasche, und wir tranken, dabei ordnete er seine Puppen zu verschiedenen Konstellationen, einsame Puppen, Puppenfamilien, er öffnete die Puppenköpfe und nahm die Figuren eine nach der anderen bis zur Kleinsten heraus, manche legte er auf meinen Schlafsack, um sie dann wieder wegzunehmen, er ließ sie sich gegenseitig küssen und den Rücken zukehren, als ob sie gekränkt wären. Es war ein Spiel. Mir verschwamm es vor den Augen, ich bin keine Schnapstrinkerin, aber da ich halb im Sitzen dalag und auf den Mann von Tschita blinzelte, war alles egal. Ich wurde müde, schlief kurz ein, der Mann aus Tschita beugte sich über mich und wickelte den Schlafsack enger um meinen Körper. Mir schien, als hätte er plötzlich den Kopf eines Bären, aber anstatt mich vor ihm zu fürchten, wiegte ich meinen Kopf, um ihm zu zeigen, dass er mir sympathisch war ...

Mir fiel verschwommen ein, was ich gelesen hatte: Russische Männer sind maskulin und gnadenreich. Russische Männer beleidigen keine Frauen. Russische Männer weinen viel. Russische Männer sind aggressiv, benutzen unanständige Wörter und vertragen eine Menge Wodka. Ich hörte Gesang, und es war der Mann aus Tschita, der das Lied von den schwarzen Augen sang: »Ach, ihr seid nicht umsonst von so dunkler Tiefe! Ich sehe in euch die Trauer über meine Seele, ich sehe in euch das unbezwingbare Feuer, auf dem mein armes Herz verbrennt.«

Ich schlief. Wieder sah ich den Mann aus Tschita über mir, er roch wie aus einem Hundemaul, und dabei war er ein Bär. Ein Bär aus Tschita. Ohne Zweifel.

Wieder schlief ich ein, und folgende Geschichte türmte sich vor mir auf: Ich sah den Mann aus Tschita als ungeborenes Bärchen im Bauch seiner Mutter, der großen Bärin. Er hielt sich an ihrem Bauchfell fest, und sie konnte nicht niederkommen, lange nicht. Das bereitete der Bärin große Schmerzen, sodass sie nach der Geburt verstarb. Das Bärchen aus Tschita fand einen Honigtopf und schleckte ihn leer. Als es größer wurde und ein Bär wurde, fraß er zwei Nachtarbeiter, die gerade aus der Möbelfabrik kamen. Sein erster großer Hunger war gestillt, und von nun an konzentrierte er sich auf Hühner. Aber der Bär aus Tschita riss auch Kälber und schleppte, was er schleppen konnte. Er fand mich im Wald, und mein Kopf war vom Körper abgetrennt. Da nahm er einen starken Faden und eine Nadel mit großer Öse und nähte meinen Kopf wieder an meinen Hals. Dann gab er mir zu trinken.

Ich sah den Mann aus Tschita wieder über mir, und er reichte mir seine Wasserflasche. Er streichelte meine Stirn. Er war nicht grob. Er setzte sich mir zur Seite und sang: »Doch ich bin nicht traurig, nicht bedrückt, glücklich erscheint mir mein Schicksal. Alles, was Gott uns Gutes im Leben gegeben hat, hab ich geopfert für diese feurigen Augen.«

Nach hundertsechzig Stunden Fahrt fühlte ich mich melancholisch wie zuvor, es war, als hätte ich ein Stück von der russischen Seele abgebissen.

Der Fremde und das Ende seiner Reise

Der Fremde lehnte am Heizkörper und trug seinen Wintermantel. Der Mantel war sein Haus. Er war von weit her gekommen.

Er fiel auf. In diesem Salon mit den Lüstern an der Decke, den geschmückten Tischen und den Gästen fiel er auf. Es roch formidabel nach Gebratenem und Erdbeeren. Man wunderte sich über den Fremden und schaute ihn an, aber so, als schaute man ihn nicht an. Wer hatte ihn eingeladen? Das Serviermädchen kredenzte ihm das Tablett mit den gefüllten Champagnergläsern.

»Wollen Sie nicht ablegen?«, fragte es und hatte den Eindruck, der Fremde verstehe sie nicht oder wolle sie nicht verstehen. Das Kind der Familie, ein Mädchen in schimmerndem Kleidchen, stellte sich neben den Fremden an den Heizkörper und schnupperte wie ein Hund. Der Fremde roch ungewaschen.

»Mama«, sagte das Mädchen, »er riecht ungewaschen, eigentlich stinkt er.«

Die Mutter drückte dem Mädchen ihren Finger auf den Mund. Sie war eine Finnin mit Heimweh und verfügte über die Begabung, dem Fremden ins Herz zu schauen, nur einen Wimpernschlag lang. Das aber genügte ihr, mutig ging sie auf ihn zu. Er reagierte nicht auf ihre Frage, entweder verstand er sie nicht, oder er tat so, als würde er sie nicht verstehen. Gerade nahm er ein Lachsbrötchen vom vorbeiziehenden Silbertablett. Seine Fingernägel – eine Katastrophe!

Zwei Damen, beide in Spitzenstoff gezwängt, rätselten über den Fremden, und eine sagte zur anderen: »Er wird wohl ein Freund des Professors sein, auch so ein Geistesmensch, der keinen Gedanken an seine Kleidung verliert.«

Die Hausfrau führte den Fremden mit sanften Stößen in den Rücken über die Treppe hinauf, das Kind wollte nachkommen, wurde aber zurückgeschickt. Im ersten Stock bedeutete die Hausfrau dem Fremden – offensichtlich verstand er sie doch, zumindest verstand er ihr nordisches Englisch –, er möge ihr ins Badezimmer folgen.

Hier roch es verdammt nach Luxus. Die Hausfrau nahm aus dem Schrank ihres Mannes einen wattierten Schlafrock – sie konnte die Maße des Fremden nicht einschätzen –, ein Anzug wäre zu riskant gewesen. Was gibt es Lächerlicheres als zu kurze Hosenbeine! Außerdem war ihr Mann von beleibter Statur, und der Fremde schien eher mager zu sein. Zum Schlafrock legte sie Leibwäsche, Socken und Pantoffeln auf den Wannenrand. Sie nickte dem Fremden zu, und er schloss hinter ihr ab. Weiß Gott, sie war gerührt und wollte es nicht sein.

Ihr Mann, der Professor, hatte sie schon vermisst und schickte das Kind, sie zu holen. Die Frau stand dicht an der Wand und wollte nur Tapete sein. Als der Fremde aus dem Bad kam, duftete eine feuchte Wolke an ihr vorüber. Der Schlafrock stand ihm gut. Was sollte jetzt geschehen? Ihr Mann fragte sie nach dem Fremden und wurde mit der Antwort auf die Nacht vertröstet.

Der Professor war nicht kleinlich. Es wurde ein fröhliches Fest, und als sich alle verabschiedet hatten – der Fremde zog über den Schlafrock das Haus seiner Gastgeber an –, gingen der Professor und seine Frau, sie den Arm um seine Hüften, er seinen Arm um ihre, über die Stiege hinauf in ihr Schlafzimmer. Sie verbrachten eine erstaunliche Nacht. Die wiederum hatte ihnen der Fremde beschert. So jedenfalls interpretiere ich das.

Michael Köhlmeier
Lange Nacht heim

Lange Nacht heim

Jetzt war alles gut, und sie öffnete die Augen.

Das Mädchen hockte vor ihr, starrte sie an, nahe an ihrem Gesicht.

Ich hab's mitgekriegt, sagte das Mädchen.

Sie sah das Mädchen an, konnte sich aber nichts an ihr merken. Sobald sie die Augen schloss, war das Mädchen weg. Und war wieder da, wenn sie die Augen öffnete. Ein Zug fuhr vorbei. Sie hörte ihn, sehen konnte sie ihn nicht.

Tut's weh?, fragte das Mädchen.

Warum sprichst du meine Sprache?, fragte die Frau.

Zufall.

Was ist mit mir passiert?

Ich hab's gesehen, sagte das Mädchen. Soll ich dir helfen?

Die Frau versuchte aufzustehen. Sie hielt die Hände an die Seite gepresst. Als wären es nicht ihre Hände.

Du blutest, sagte das Mädchen. Dort blutest du, genau dort, wo du die Hand hinhältst.

Ich weiß aber nicht, warum ich blute, sagte die Frau.

Tut's weh?

Nein.

Es könnte trotzdem schlimm sein.

Um aufzustehen, hätte die Frau die Wunde loslassen müssen. Das wollte sie nicht.

Ich helfe dir, sagte das Mädchen.

Was ist mit der Wunde?, fragte die Frau. Kannst du sie dir ansehen?

Aber die Hände tat sie nicht weg. Mit den Händen deckte sie die Wunde zu.

Du bist überfallen worden, sagte das Mädchen. Sie haben dir alles weggenommen. Sie haben deine Taschen durchsucht und dir alles weggenommen. Ich hab's gesehen.

Und du bist mir nicht beigestanden?, fragte die Frau. Hast nicht um Hilfe gerufen?

Schau mich doch an, sagte das Mädchen.

Es war kein Kind mehr. Aber viel mehr war es nicht. Dünn war das Mädchen und hatte zu große Kleider an. Einen zu großen Pullover. Auch die Schuhe waren zu groß.

Wie alt bist du?, fragte die Frau.

Ich hab's gesehen, sagte das Mädchen. Ich habe gedacht, ich bleibe bei dir und helfe dir hinterher. Sie waren zu dritt, sie hätten mich auch geschlagen. Das hätte dir nichts nützen können.

Hinterher, wiederholte die Frau und streckte dann doch eine Hand nach dem Mädchen aus. Hinterher wolltest du mir helfen. Das ist jetzt. Hilf mir aufstehen!

Sie waren zu stark, sagte das Mädchen, ich hätte nichts gegen sie ausrichten können, zu stark und zu dritt.

Das kann ich verstehen, sagte die Frau.

Kannst du gehen?, fragte das Mädchen und half ihr.

Die Frau war ein Stück größer als das Mädchen. Ja, kann ich, ich kann gehen, sagte sie. Ich bin noch ein bisschen verwirrt. Ich denke, das ist normal. Was denkst du? Das ist doch normal, dass ich ein bisschen verwirrt bin, oder? Du musst mich führen. Wenigstens bei den ersten Schritten. Blute ich?

Jetzt nicht mehr.

Dann ist es nicht so schlimm, meinst du?

Das kann ich nicht sagen. Ich kenn mich nicht aus.

Die Frau stützte sich auf das Mädchen. Mit der Wange berührte sie den Kopf des Mädchens. So gingen sie ein paar Schritte. Sie roch am Haar des Mädchens. Die Haare hatten keinen Geruch.

Ich bringe dich ins Krankenhaus, sagte das Mädchen. Vielleicht ist es doch schlimm.

Ins Krankenhaus will ich nicht, sagte die Frau. Sie hörte

ihre eigene Stimme, die war leise, ihre laute Stimme wäre ihr lieber gewesen. Eigentlich hatte sie eine laute Stimme. Jetzt aber war sie leise.

Das dachte ich mir, sagte das Mädchen. Ich würde auch nicht gern ins Krankenhaus gehen. Sie müssen einen dort anmelden. Sie nehmen die Personalien auf. Das müssen sie, auch wenn sie es nicht wollen. Bist du illegal hier?

Ja. Du auch?

Ich weiß es nicht genau, sagte das Mädchen. Irgendwie schon, irgendwie nicht.

Wie heißt du?

Wie heißt du?

Sag Mama zu mir.

Du traust mir nicht, sagte das Mädchen. Sonst würdest du mir deinen Namen sagen.

Ich könnte deine Mama sein.

Dann sag Tochter zu mir.

Mama und Tochter gingen an der Hauswand entlang auf dem nassen Asphalt. Es regnete nicht mehr. Aber der Gehsteig war nass. Tochter hängte sich bei Mama ein, sodass Mama wieder beide Hände auf die Wunde legen konnte. Mama ging vornübergebeugt. Ein Auto war zu hören. Aber von sehr weit her. Auch ein bisschen Wind war. Aber sehr weit oben.

Wohin führst du mich?, fragte Mama.

Ich habe einen Freund, sagte Tochter. Er ist legal hier. Er kann unsere Sprache. Nicht gut, aber gut genug. Er wird verstehen, wo es dir wehtut. Er weiß viel und interessiert sich für alles. Und er ist ein guter Mensch. Er studiert Medizin. Er wird bald ein Doktor sein.

Ich kann aber nicht weit gehen, sagte Mama.

Das denkt man immer, sagte Tochter, und schließlich ist man doch weit gegangen.

So müsste ich eigentlich mit dir reden, sagte Mama, und nicht du mit mir.

Hoch über den Häusern sahen sie ein paar Sterne. Die Nacht war kalt, und der Himmel war hell, weil der Mond voll war, aber den sahen sie nicht. Der Wind fiel hinunter auf die Gassen. Niemand war unterwegs, und die Fenster waren dunkel.

Ich muss trotzdem wissen, wie weit es ist, sagte Mama. Wenn es weit ist, muss ich erst etwas Warmes zum Überziehen bekommen.

Sie haben dir deinen Mantel weggenommen, sagte das Mädchen. Ich habe mir noch gedacht, warum tun sie das, es ist doch ein Frauenmantel. Vielleicht hat einer von ihnen eine Frau zu Hause, die keinen Mantel hat. Aber das glaube ich nicht. Sie verkaufen deinen Mantel, das glaube ich.

Wenn man verletzt ist, friert man mehr als sonst, sagte Mama.

Ich kann dir etwas Warmes besorgen, sagte Tochter. Ich werde dir einen Mantel besorgen. Das ist leicht für mich. Ich kenne einen Schneider, der hat immer etwas übrig, er arbeitet in der Nacht. Dann kommen wir aber etwas später zu meinem Freund. Wenn dir das recht ist? Wenn du das aushältst? Wenn die Wunde nicht blutet, dann hältst du das aus. Habe ich recht?

Lass mich nur nicht allein, sagte Mama und schloss die Augen und stand still. Stand lange still.

Sie lässt Sie nicht allein, sagte eine Stimme, und wie die Stimme klang, war nicht sicher, ob ein Mann sprach oder eine Frau. Sie muss nur ihre kleine Notdurft verrichten, gleich ist sie wieder bei Ihnen. Alles bleibt *stehen*, nur die Zeit muss *vergehen*. Hoppla, ein Reim!

Mama stand auf dem Straßenpflaster, stand still, mit einer Hand berührte sie die Hauswand. Jetzt ist es so weit, dachte sie. Sie sind zurückgekommen. Sie haben etwas vergessen. Sie haben vergessen, mich totzuschlagen. Jetzt schlagen sie mich tot, dachte sie und behielt die Augen geschlossen. Es ist besser, wenn Tochter nicht zusieht. Vielleicht muss sie ja gar nicht ihre kleine Notdurft verrichten, vielleicht will sie nur nicht zusehen, wie sie mich totschlagen. Ich kann es ihr nicht verdenken, ich wollte auch nie zusehen, wie ein Mensch totgeschlagen wird. Sie ist nicht mutig, und sie muss nicht mutig sein. Gleich ist es so weit, dachte sie.

Aber es war nicht so weit.

Haben Sie Geld bei sich?, fragte die Stimme. Da öffnete Mama die Augen.

Es war ein Mann. Aber bunt gekleidet. Gekleidet wie eine Frau. Gekleidet wie eine Frau, die sich ein wenig wie ein Mann kleiden möchte, oder wie ein Mann, der sich ein wenig wie eine Frau kleiden möchte. Eine Hose und eine Bluse, auf dem Kopf ein Hütchen, auf dem eine Feder steckte. Nur eine Hose und eine Bluse, und das bei dieser Kälte!

Nein, ich habe kein Geld, sagte Mama. Mir ist alles weggenommen worden, Sie können mir nichts mehr wegnehmen.

Ich will Ihnen doch nichts wegnehmen, um Gottes willen!, rief der Mann. Mir ist selber weggenommen worden. Ich habe gehofft, Sie können mir aushelfen. Wenn Sie mir Ihre Adresse geben, schicke ich Ihnen das Geld. Umgehend! Ich will mir nur ein Taxi nehmen, verstehen Sie. Ich komme von einem Rockkonzert. Nein, Sie haben kein Geld. Wenn ich Sie ansehe, denke ich, wir beide haben dasselbe Schicksal. Waren Sie auch bei dem Rockkonzert? Ist Ihnen dort auch der Mantel abhandengekommen? Sie frieren ja!

Er trat nahe an sie heran und rieb ihre Oberarme. Seine Hände waren sehr warm, das konnte sie durch die Ärmel ihrer dünnen Jacke fühlen.

Das tut gut, sagte er, habe ich recht?

Ja, das tut gut, sagte sie.

Ich verdächtige die Gangster bei der Garderobe, sagte er. Da hängen tausend Mäntel, niemand macht diesen Gangstern einen Vorwurf, wenn sie den Überblick verlieren. Das ist ihre Ausrede. Es wird geschätzt, dass bis zu fünf Prozent der Mäntel bei Rockkonzerten verschwinden. Mit Mänteln lässt sich inzwischen ein Handel aufziehen. Rauchen Sie?

Ja, gern, sagte Mama. Ich bin für jede Zigarette dankbar.

Ich auch, sagte der Mann mit dem Hütchen und lachte. Ich auch, das können Sie mir glauben. Mein bitterster Vorwurf an diese Gangster lautet, dass meine Zigaretten in der Manteltasche waren. Die rauchen jetzt lustig meine Zigaretten. Sie haben nicht zufällig eine Zigarette?

Nein.

Nicht eine?

Nein.

Trauen Sie niemandem! Auch der kleinen Pisserin nicht. Hat sie doch eben noch freundlich und lieb mit Ihnen gesprochen, und schon ist sie weg. Warum? Fürchtet sie sich vor mir? Ach was! Vor mir fürchtet sich niemand. Sie haben ihr Geld gegeben? Ja? Dann ade! Haben Sie eine Ahnung, woher ich jetzt einen Mantel kriegen könnte? Oder etwas Ähnliches.

Nein, sagte Mama, leider nein.

Ich dachte, sagte der Mann, ich dachte, ich hätte gehört, dass die Pisserin etwas von einem Schneider gesagt hat, der in der Nähe wohnt und der alte Mäntel verschenkt. Mir wäre wirklich sehr geholfen.

Nein, da haben Sie falsch gehört, sagte Mama. Sie fürchtete, der Schneider könnte den Mann mit dem Hütchen lieber haben als sie und ihm den Mantel geben, falls er nur einen zu vergeben hatte und nicht mehrere. Der da, das sah sie ihm an, der hatte Glück im Leben, jedenfalls mehr als sie, der würde auch ohne sie weiterkommen, der brauchte sie nicht, der brauchte niemanden. Aber sie brauchte jemanden.

Hätte ja sein können, sagte der Mann mit dem Hütchen. Jetzt ist mein Körper ja noch heiß vom Konzert. Ich habe einen ziemlich weiten Weg heim. Ich hoffte, Sie hätten etwas Geld. Wir hätten ein Taxi nehmen und zu mir nach Hause fahren können. Ich besitze eine gemütliche Wohnung mit einem prächtigen Ofen, und obwohl ich allein lebe, ist mein Kühlschrank immer voll, jederzeit könnte ich ein Essen für zwei Personen zubereiten.

Wieder rieb er seine Hände an ihren Oberarmen. Sie atmete seinen Duft ein, der war fein, ein feiner Hauch von Rasierwasser. Wie kann sich dieser Duft auf seiner Haut halten, über ein Rockkonzert hinaus?

Würden Sie mich denn bei sich aufnehmen, fragte sie, angenommen, wir hätten etwas Geld, um ein Taxi zu bezahlen?

Das würde ich, sagte der Mann mit dem Hütchen. Und zu Hause würde ich mich anders ankleiden. Sie müssen einen falschen Eindruck von mir bekommen haben, in diesem Aufzug. Aber wenn man in meinem Alter ein Rockkonzert besucht, dann gerät man in Versuchung, sich jugendlicher erscheinen zu lassen, als man ist. Können Sie dafür Verständnis aufbringen?

Jetzt wo sein Gesicht so nah bei ihrem war, sah sie die vielen Falten waagrecht über den Brauen und lotrecht in den Wangen und die Kerben um den Mund. Ich könnte aber nicht mit Ihnen gehen, sagte sie, auch wenn wir etwas Geld für ein Taxi hätten. Auf gar keinen Fall könnte ich mit Ihnen gehen.

Auch nicht, wenn ich verspreche, Ihre Wunde professionell behandeln zu lassen?

Dann vielleicht schon. Aber auch dann vielleicht nicht. Weil Sie die Pisserin nicht alleinlassen wollen?, fragte er. Ja, sagte Mama.

Der Mann erhob sich. Er hatte sich nämlich vor ihr niedergekniet. Wenn ich schnell gehe und nicht stehen bleibe, sagte er, kann ich vielleicht ein bisschen von der Wärme des Rockkonzerts in mir halten und werde nicht allzu sehr frieren ohne meinen Mantel. Das heißt aber, unsere Unterhaltung ist zu Ende. Die *Unter-Haltung* ist zu Ende, damit ich die Wärme *in* mir *halte* – ist das nicht komisch? *Halten – halten.* Verstehen Sie? Man denkt nicht und redet, und die Natur reimt. Über solche *Sachen* könnte ich *lachen*. Schon wieder ein Reim. Jedes Wort hat im *Keim* einen *Reim*. Ich muss los!

Er drehte sich um und lief davon, die Straße hinunter und über den Fluss. Auf der Brücke hob er eine Hand zum Gruß, ohne sich umzudrehen.

Er ist sich sicher, dass ich ihm *nachschaue*, dachte Mama. Und er ist sich sicher, dass ich ihn *durchschaue*. Ist das auch ein Reim? Aber was könnte ich in ihm sehen, wenn ich ihn durchschaue? Ich habe nichts gesehen.

Und nun kicherte sie. Weil sie den Mann mit dem Hütchen nicht nur einmal, sondern gleich zweimal belogen hatte, darum kicherte sie. Sie hatte nämlich eine Zigarette. Eine! Die hatte ihr heute jemand geschenkt. Sie erinnerte sich nicht, wer ihr die Zigarette geschenkt hatte. Sie hatte sie in die Außentasche ihrer Jacke gesteckt. Die wollte sie jetzt rauchen.

Aber die Zigarette war nicht mehr da. Da musste sie noch einmal kichern. Darum also hat er mir die Arme warm gerieben. Damit er meine Zigarette stehlen kann. Aber sie fand, es war ein guter Tausch. Eine Zigarette gegen *warme Arme*. Schon wieder ein Reim. Tatsächlich: Die Natur reimt sich. Wenn man sie nur lässt.

Warum hast du mich alleingelassen?

Ich habe dich nicht alleingelassen, verteidigte sich Tochter. Ich kann es dir erklären. Es war so: Wir sind gegangen, du und ich, ich habe geredet, du hast zugehört, ich habe dir eine Geschichte erzählt, die ich vor ein paar Tagen erlebt habe, und du hast Ja gesagt, immer wieder hast du Ja gesagt, in immer größeren Abständen hast du Ja gesagt, wie man es tut, wenn man zuhört. Ich bin vorausgegangen, du bist hinter mir hergegangen, und ich habe erzählt und steckte ganz tief drinnen in dem, was ich erzählte, und dachte natürlich, du bist hinter mir, aber in Wahrheit bist du stehen geblieben, ich weiß nicht, warum. Leider habe ich es zu spät bemerkt, da war ich schon weit. Ich bin erschrocken und bin umgekehrt und habe dich jetzt wiedergefunden.

Es ist gut, sagte Mama, du brauchst dich nicht zu rechtfertigen. Jetzt bist du ja wieder bei mir.

Aber Mama dachte: Sie hatte Angst vor dem Mann mit dem Hütchen. Sie hat sich versteckt. Das ist die Wahrheit. Vielleicht glaubte sie, er ist einer von denen. Ich habe das zuerst ja auch geglaubt. Und wenn er wirklich einer von denen ist? Sie hat die Männer gesehen. Sie muss es wissen. Vielleicht gab es Streit zwischen den Männern. Vielleicht, weil er für mich Partei ergriffen hat. Vielleicht wollte er sich bei mir entschuldigen für das, was sie mir angetan haben. Auch die Bösen sind nicht alle gleich. Es gibt auch unter den Bösen Gute. Die Diebe unter den Mördern sind die Guten unter den Bösen.

Du frierst, sagte Tochter. Und du bist erschöpft. Du musst dich ausruhen, du musst in die Wärme. Was bleibst du stehen! Gehen wir, der Schneider ist nicht weit von hier.

Bist du mutig?, fragte Mama.

Nein, das bin ich nicht, sagte Tochter. Aber das muss ich auch nicht sein.

Nein, das musst du nicht sein, sagte Mama.

Es ist bekannt, dass ich immer gleich weglaufe, sagte Tochter.

Das ist bekannt?, fragte Mama und staunte. Wem ist das bekannt? Müsste ich das wissen? Warum ist es bekannt?

Das sagt man nur so. Ich habe nichts, womit ich mich gegen drei Männer verteidigen könnte, sagte Tochter. Komm, Mama, ich stütze dich. Was bleibst du dauernd stehen! Leg deinen Arm um mich.

Der Schneider hatte seine Werkstatt in einer Seitengasse, es war eine Sackgasse, und am Haus des Schneiders endete sie. Licht brannte dort. Die Werkstatt lag im Erdgeschoss, das war ein Glück, denn Mama hätte nicht die Kraft gehabt, über die Stiege nach oben zu gehen. Tochter klopfte an die Fensterscheibe. Da hielt sich Mama im Hintergrund. Ein Schatten erschien, und das Fenster wurde geöffnet. Tochter redete mit einem Mann, Mama konnte sie nicht verstehen, sie redeten in einer Sprache, die sie nicht kannte.

Wir dürfen hinein, sagte Tochter schließlich. Er hat viel zu tun, aber wir dürfen hinein. Du darfst dich auch hinsetzen. Es stört ihn nicht im Geringsten. Außerdem ist es warm in seiner Werkstatt. Da steht ein schöner Ofen.

In welcher Sprache sprecht ihr?, fragte Mama.

Das sage ich dir später, antwortete Tochter. Wenn wir wieder auf der Straße sind, sage ich es dir. Jetzt komm! Und mach die Tür hinter dir zu. Ich geh voraus. Damit er mich zuerst sieht und dann erst dich. Damit er nicht erschrickt.

Bin ich denn zum Erschrecken?

Die Werkstatt war klein, an den Wänden waren Regale, in denen Tuch gestapelt war, und eine lange Stange war zwischen den Regalen, an ihr hingen die fertigen Kleidungsstücke, aber es waren nur Mäntel, das habe mit der

Jahreszeit zu tun, sagte der Schneider. Mitten in der Werkstatt stand ein Tisch, darauf saß er. Nur ein Sessel war da. Den bot er Mama an. Der Sessel stand dicht am Ofen. Alles musste doppelt gesagt werden, einmal in dieser Sprache, dann noch einmal in jener.

Ich habe drei Mäntel zur Auswahl, sagte der Schneider, und Tochter übersetzte. Ich bin ungefähr so groß wie sie, sprach er weiter und stieg vom Tisch, ein bisschen kleiner vielleicht, das macht aber nichts. Sag ihr, ich werde die Mäntel einen nach dem anderen anziehen, und sie soll entscheiden, welchen sie haben möchte.

Es spielt doch keine Rolle, sagte Mama, er soll mir den geben, der am wenigsten wert ist, er braucht nicht schön zu sein, nur warm soll er sein. Wir haben nicht viel Zeit, bitte, sag ihm das. Du hast doch nicht meine Wunde vergessen.

Nein, deine Wunde habe ich nicht vergessen, sagte Tochter und übersetzte, was Mama gesagt hatte, und hörte sich die Antwort des Schneiders an.

Er will es trotzdem, sagte sie. Er ist stolz auf seine Arbeit, und nur selten kommt jemand und unterhält sich mit ihm. Die meiste Zeit steht der Sessel nur so da und ist leer. Und was ist schon dabei! Jetzt sitzt du und kannst dich ausruhen, hier ist es warm und trocken. Bitte, tu mir den Gefallen und nicke bei jedem Modell, und vielleicht gelingt es dir ja auch zu lächeln. Tu so, als könntest du dich nicht entscheiden. Es ist gut, wenn wir länger hier bleiben. Du brauchst Ruhe und Wärme und Trockenheit.

Der Schneider schlüpfte nacheinander in die drei Mäntel, in den braunen, dünnen, langen, den schwarzen mit der Kapuze und den hellen, gefütterten mit dem dicken Pelzkragen und dem Pelzbesatz an den Ärmeln. Er drehte sich, knöpfte zu, knöpfte auf, stellte den Kragen hoch, legte den Kragen um, band den Gürtel, öffnete ihn wieder. Einmal spielte er eine einsame Frau, die eine schlechte Nachricht erhalten hatte und durch eine gewittrige Sommernacht eilte. Einmal war er ein junges Mädchen, das sich im Frühlingsregen drehte. Zuletzt zeigte er eine Dame im Winter, vornehm und in Erwartung.

Mama nickte und lächelte und sagte, sie könne sich nicht entscheiden, und Tochter übersetzte, und Mama sagte dann doch, der Letzte, der mit dem Pelzkragen und dem Pelzbesatz an den Ärmeln, der helle Gefütterte, der gefalle ihr am besten, sicher sei der auch der wärmste.

Tochter wollte übersetzen, aber der Schneider winkte ab. Er tat, als wäre er ratlos, ging um den Tisch herum und wehrte immer wieder ab, als würde ihn jemand in seinem Nachdenken unterbrechen wollen, und hob schließlich den Zeigefinger und sagte, er habe noch ein Stück, ein besonderes, ja, er glaube, dieses Stück habe all die Jahre auf diese Gelegenheit gewartet. Er kroch zwischen die Mäntel, die an der Stange hingen, und war nicht mehr zu sehen und nicht mehr zu hören.

Wo ist er?, fragte Mama.

Er wartet, sagte Tochter, er will es spannend machen. Es soll eine Überraschung werden.

Aber ich muss doch weiter, sagte Mama. Blutet meine Wunde wieder? Schau! Blutet sie?

Ich sehe nichts, sagte Tochter.

Aber er wird mir doch den hellen Gefütterten geben, sagte Mama. Den würde ich sehr gern haben. Sag es ihm, bitte, sag es ihm!

Es war ein dünner Fetzen, den der Schneider brachte, gar kein schönes Stück. Der ist es, sagte er. Nehmen Sie ihn! Sie soll ihn nehmen, sag es ihr. Ich brauche ihn gar nicht erst vorzuführen. Er ist für sie. Und nun geht, ich muss weiterarbeiten. Sag es ihr.

Willst du ihn nicht fragen, ob er für dich auch einen

Mantel hat?, flüsterte Mama, als sie schon bei der Tür waren. Du wirst frieren in dem dünnen Zeug, das du anhast. Das ist nur ein Pullover, und ein dünner dazu. Er wird dir sicher auch einen Mantel geben, dir sicher sogar einen besseren. Ich bin nicht neidisch. Und wenn er ihn dir nicht schenkt, er wird ihn dir sicher leihen. Dann kannst du ihn morgen zurückbringen.

Das ist schon recht, sagte Tochter. Ich friere nicht.

So traten sie hinaus auf die Gasse und gingen weiter.

Was ist mit dir?, fragte Tochter.

Mama war wieder stehen geblieben und hielt sich mit der Hand am Brückengeländer fest. Der Fluss unter ihnen war an den Rändern zugefroren. Das Licht der Laternen spiegelte sich auf dem Eis.

Ein kleiner Schwindelanfall, sagte Mama. Gleich geht es wieder.

Weil du Hunger hast, sagte Tochter. Wann hast du zum letzten Mal etwas gegessen?

Das weiß ich nicht genau, sagte Mama. Wie viel Zeit ist denn vergangen?

Du musst etwas essen, sagte Tochter. Sonst wird dir wieder schwindelig. Das ist nicht gut. Du musst dich stärken.

Vielleicht hat ja dein Freund etwas zu Hause, sagte Mama. Ein Stück Brot würde mir schon genügen. Das könnte ich langsam kauen, während er meine Wunde behandelt. Das würde mir guttun.

Der hat nichts zu Hause, sagte Tochter, ich kenne ihn. Er hat nicht einmal einen Kühlschrank. Er isst immer auswärts. Höchstens, dass er einen Apfel hat.

Ein Apfel wär schön, sagte Mama, ein Apfel würde mir genügen.

Du hast mich nicht aussprechen lassen, sagte Tochter. Ich wollte sagen, wenn er einen Apfel zu Hause hat, isst er ihn gleich auf. Er hat also keinen Apfel zu Hause.

Ich muss mich einen Augenblick setzen, sagte Mama. Ich habe gar keine Kraft mehr.

Sie ließ sich zu Boden gleiten, behielt die Hand aber am Brückengeländer. Die Finger umklammerten nun das untere Gestänge. Es war eine kleine Brücke, und es war ein kleines Wasser darunter, und es floss nur sehr langsam. Wenn sie die Hand ausgestreckt hätte, hätte sie das Wasser berühren können. Es wäre kalt gewesen wie Eis.

Da sah sie eine Zeitung schwimmen. Es war nur eine Seite, weit aufgeschlagen schwamm sie träge auf dem Wasser. So nahe war sie ihren Augen, dass sie die Schlagzeile hätte lesen können. Aber sie konnte sie nicht lesen, denn sie war in einer Sprache verfasst, die sie nicht verstand. Da erinnerte sie sich. Und für einen Augenblick war sie glücklich. Weil sie schon gefürchtet hatte, sie könnte ihr Erinnerungsvermögen verloren haben. Man weiß ja, das passiert. Das passiert oft sogar. Nach einem Schock. Sie war überfallen worden und war verletzt worden, vielleicht sogar schwer verletzt worden. Sie hatte einen Schock erlitten. Aber jetzt erinnerte sie sich. Sie erinnerte sich, dass sie einen Artikel in einer Zeitung gelesen hatte. Sie wusste nicht, wann das gewesen war und wo es gewesen war und ob sie allein gewesen war oder mit anderen zusammen. Aber sie erinnerte sich, was in dem Artikel gestanden hatte. Da hatte gestanden, dass eine Granate oder mehrere Granaten in einen Pferdestall eingeschlagen waren und dass der Stall zudem in Brand gesetzt worden war. Ein Augenzeuge berichtete. Er habe gesehen und habe gehört. Er habe gesehen, wie sich ein Pferd, dessen Hinterbeine zerfetzt waren, auf den Vorderbeinen aus dem Feuer geschleppt und draußen im Kreis gedreht und geschrien habe, geschrien, wie er Pferden nicht zugetraut habe, dass sie schreien können, und die Pferde im Stall hätten auch geschrien, nicht gewiehert, sondern geschrien, einige seien durch die brennenden Wände gebrochen und davongaloppiert, auf dem Rücken brennende Trümmer. Das hatte sie in der Zeitung gelesen, sie wusste nicht, wann, und wusste nicht, wo, und ob sie allein gewesen war oder zusammen mit anderen. Und nun war die Zeitung aus ihren Augen geschwommen, und sie blickte hinunter aufs Wasser und dachte an das Feuer.

Komm auf!, rief die Tochter. Auf! Nicht hier! Hier kannst du dich nicht ausruhen. Gehen wir von der Brücke! Du wirst dich erkälten. Das noch dazu. Steh auf! Nimm dich zusammen! Ich helfe dir. Ich lass dich nicht im Stich. Leg deinen Arm um mich. So. Ja. So ist es gut. Und jetzt geh. Geh! Setz einfach einen Schritt vor den anderen. Wir hätten länger in der Werkstatt beim Schneider bleiben sollen. Der hätte sicher einen Apfel gehabt oder ein Brot.

Ich hätte ja länger bleiben wollen, sagte Mama. Er war es, der uns weggeschickt hat. Er hat gesagt, wir sollen gehen, er habe noch zu arbeiten. Erinnerst du dich nicht?

Das hast du falsch verstanden, sagte Tochter.

Mama hatte einen Arm um sie gelegt, so gingen sie von der Brücke.

Dort vorne, sagte Tochter, dort setzen wir uns hin und rasten. Siehst du? Dort.

Wo? Ich sehe nichts.

In den Hauseingang dort, dorthin setzen wir uns.

Sie kauerten sich auf die Steinstufen. Tochter stellte den Kragen an Mamas Mantel auf, damit Mamas Ohren gewärmt würden.

Was habe ich falsch verstanden?, fragte Mama. Ich wäre gern noch bei dem Schneider geblieben. Warum hat er mir nicht den hellen Gefütterten geschenkt, den mit dem Pelzkragen und dem Pelzbesatz an den Ärmeln? Dieser hier wärmt nicht. Er ist wie nichts.

Jetzt können wir nicht mehr zurück, sagte Tochter. Aber ich weiß, wo wir Brot herbekommen können. Es liegt am Hunger, nicht am Mantel. Wer hungrig ist, friert. Wenn du hier wartest, ich komme gleich. Vielleicht bringe ich auch einen Apfel mit.

Das will ich nicht, sagte Mama. Ich will hier nicht allein sein. Lass mich nicht allein. Ich will mit dir gehen. Ich kann gehen. Ich werde mich zusammennehmen.

Gut, wenn du nicht hierbleiben willst, sagte Tochter. Aber es wird länger dauern, wenn wir gemeinsam gehen, und du bist müde, sehr müde.

Vielleicht steckt ja in meinem Mantel etwas zu essen, sagte Mama. Das kann doch sein. Willst du nachsehen?

Tochter suchte die Manteltaschen ab. In der letzten fand sie ein Karamellbonbon. Sie wickelte es aus und steckte es Mama in den Mund.

Glaubst du, das genügt?, fragte sie.

Ich glaube schon, sagte Mama. Warum hat der Schneider ein Karamellbonbon in die Manteltasche gesteckt? Was glaubst du?

Ich denke, das ist seine Werbung für sein Geschäft, sagte Tochter. Ein kleines Geschenk für seine Kunden. Eine Überraschung.

Wenn ich wieder ganz gesund bin, sagte Mama und rückte nahe an Tochter heran, und wenn ich etwas Geld habe, dann werde ich mir einen Mantel bei ihm machen lassen. Nein, ich werde zwei Mäntel bei ihm machen lassen. Einen für mich und einen für dich. Das musst du mir erlauben. Ich habe dich gar nicht gefragt, ob du heute Nacht eigentlich etwas anderes vorhast. Hast du einen Freund? Du bist sehr hübsch, sicher hast du einen Freund. Wartet er jetzt auf dich?

Ich habe viele Freunde.

Aber einen Freund hast du nicht?

Doch, ich sage ja, ich habe viele Freunde. Kannst du aufstehen? Wir müssen weiter.

Können wir nicht noch einen Augenblick sitzen bleiben? Es ist schön, mit dir zu sprechen.

Nein, sagte Tochter und stand auf und nahm Mamas Hände und zog daran, bis Mama sich erhob. Wir müssen gehen.

Nur einen Augenblick noch, sagte Mama. Was hast du mir erzählt, als du glaubtest, vor mir herzugehen?

Ach, das war nichts Wichtiges.

Es interessiert mich aber. Willst du es mir nicht erzählen?

Ich möchte das Gleiche nicht noch einmal erzählen. Es war eine Geschichte, als ich klein war.

Rück ein bisschen näher zu mir, sagte Mama. Dann wird uns beiden wärmer. Magst du an dem Bonbon weiterlutschen? Die Hälfte ist noch da. Etwas Süßes. Das magst du doch sicher.

Sie nahm aus dem Mund, was von dem Bonbon übrig war, und ließ es sich von Tochter aus der Hand schlecken.

Als du klein warst, sagte Mama, warst du mutiger als heute. Ich war auch mutiger, als ich klein war. Kinder sind mutig, weil sie nicht wissen, was alles passieren kann. Manche bilden sich sogar ein, schwimmen zu können, weil sie sehen, wie Erwachsene schwimmen. Komm näher, noch näher! Vielleicht ist ein zweites Bonbon in meinem Mantel. Ich glaube nicht, dass der Schneider in diesen Mantel ein Bonbon gegeben hat, um für sein Geschäft zu werben. Ich glaube, er hat den Mantel von einem Hehler gekauft, der ihn von irgendwelchen Dieben hatte, und die haben die Taschen nicht gründlich genug durchsucht und haben das Bonbon übersehen. Du hast auch Hunger, das sehe ich dir an. Ein Bonbon ist für uns beide zu wenig.

Tochter erhob sich und zog Mama an beiden Händen auf die Beine. Wenn du gesund wärst, sagte sie, wär's nicht weit.

So aber haben wir ein ordentliches Stück vor uns bis zum Bäcker. Aber das ist gut so. Da kommen wir gerade rechtzeitig, wenn er mit seiner Arbeit beginnt. Ich glaube, genau in diesem Moment klingelt sein Wecker. Gleich steht er auf, gleich geht er unter die Dusche, dann zieht er sich an, dann wird er eine Kleinigkeit frühstücken, er wird die Nachrichten im Radio hören, und dann geht er in die Backstube hinunter und bereitet alles vor und wartet, bis sein Geselle kommt.

Es war ein weiter Weg. Immer wieder bogen sie um eine Ecke und gingen durch eine Gasse. Niemandem begegneten sie. Was wohl der Grund sei, warum sie niemandem begegneten, fragte Mama. Die Nacht, antwortete Tochter. Aber auch in der Nacht seien doch Menschen unterwegs, sagte Mama. Schon, sagte Tochter, aber nicht in dieser Gegend, nicht in diesen Gassen. Weil die Gegend so gefährlich ist? Vielleicht ja, vielleicht nein, sagte Tochter. Wenn niemand da ist, ist es nicht gefährlich, denn Gefahr geht ja hauptsächlich von Menschen aus. Andererseits, wenn niemand da ist, ist niemand da, der einem helfen könnte, wenn doch einer kommt oder wenn zwei oder drei kommen, die einem etwas tun wollen.

So redeten sie, und so verging die Zeit, und der Weg wurde kürzer. Und so kamen sie zur Bäckerei, und sie kamen gerade zur rechten Zeit, der erste Teig war bereits in den Ofen geschoben worden.

Der Bäcker war ein Mann mit einem weißen Bart. Es hätte sein können, dass der Bart weiß war vom Alter, oder aber, dass er weiß war vom Mehl. Geduldig hörte er sich an, was ihm Tochter erzählte.

Es hat schon genützt, wenn Mehl auf eine Wunde gestreut wurde, sagte er. Es kommt auf die Wunde an. Bei kleinen Wunden nützt Mehl. Ob er sich die Wunde anschauen dürfe.

Mama zog Mantel und Jacke aus. Das fiel ihr leicht, denn in der Backstube war es warm, noch viel wärmer als in der Schneiderwerkstatt war es hier. Sie schob ihr Hemd nach oben, sodass die Haut an der wehen Seite frei war.

Ich möchte lieber nicht hinschauen, sagte sie, und Tochter übersetzte.

Der Bäcker ging in die Hocke und betrachtete die Wunde. Auch Tochter wollte nicht hinsehen, sie drehte sich um und lächelte dem Gesellen zu. Der lächelte zurück.

Zunächst müsse die Wunde verbunden werden, sagte der Bäcker. Aber der Verband müsse unbedingt steril sein. Schlimmer als die Wunde selbst seien meist die Folgen.

Ohne den Blick von der Wunde zu wenden, gab er dem Gesellen den Befehl, das erste Brot aus dem Ofen zu holen. Es duftete in der Backstube, und das machte Mama glücklich. Es machte sie glücklich, obwohl sie das besorgte Gesicht des Bäckers vor sich sah. Er berührte die Haut um ihre Wunde herum, kam nah mit dem Gesicht heran. Seine Augen sind nicht mehr die besten, sagte Tochter. Er nickte und dachte nach und bewegte dabei die Lippen, als repetiere er still für sich Erinnertes.

Es sieht leider gar nicht gut aus, sagte er endlich. Sie muss ins Krankenhaus.

Sie kann nicht ins Krankenhaus, sagte Tochter. Sie ist illegal hier. Die Ärzte würden sie anzeigen. Kannst nicht du ihre Wunde verbinden?

Frisches Brot ist steril, sagte der Bäcker. Über die Schulter rief er dem Gesellen zu: Gib mir einen Laib! Einen mittleren. Er riss das Brot in zwei Hälften, eine legte er mit der weichen Seite auf die Wunde. Sie muss die Hand darauf pressen, sagte er. Sag ihr das!

Tochter übersetzte.

Und zu essen gibt er uns auch etwas?, fragte Mama.

Es ist besser, man geht in ein Krankenhaus und man

wird angezeigt, aber man überlebt, als man geht nicht in ein Krankenhaus und wird nicht angezeigt und überlebt nicht, sagte der Bäcker.

Auch das übersetzte Tochter.

Dann saßen sie eine Weile und aßen Brot und tranken Wasser dazu, der Bäcker, sein Geselle, Mama und Tochter.

Ich will trotzdem nicht ins Krankenhaus, sagte Mama. Gehen wir zu deinem Freund.

Sollen wir nicht noch eine Weile hier sitzen bleiben?, fragte Tochter. Hier ist es warm und trocken, wärmer und trockener als beim Schneider, und der Bäcker ist ein besserer Mensch als der Schneider. Außerdem riecht es hier sehr gut.

Gefällt dir der Geselle?, fragte Mama. Mir an deiner Stelle würde er gefallen.

Ich kann ja wieder hierher zurückkommen, sagte Tochter.

Das solltest du, sagte Mama.

Sie bedankten sich beim Bäcker und gingen.

Als sie schon auf der Straße waren, kam ihnen der Geselle nachgelaufen. Wieder lächelte er Tochter an, aber gesprochen hat er nur mit Mama.

Hier, sagte er in ihrer Sprache, ich habe etwas für Sie.

Warum kann er unsere Sprache?, fragte Mama.

Zufall, sagte Tochter.

Der Geselle gab Mama eine Zigarette. Und dann noch eine.

In der zweiten ist ein bisschen Marihuana, sagte er. Das tut gut. Du wirst sehen. Eine Waffe gegen den Schmerz. Ich habe sie mir für nach der Arbeit aufgespart. Aber ich kann gut darauf verzichten.

Ich habe keine Streichhölzer, sagte Mama.

Da gab ihr der Geselle auch noch seine Streichhölzer.

Sind wir nicht durch eine andere Tür in die Bäckerei gekommen?, fragte Mama. Ich kenne mich hier nicht aus. Auf dieser Straße sind wir doch nicht gekommen.

Du hast recht, sagte Tochter. Das ist ein gutes Zeichen. Ich glaube, es geht aufwärts mit dir. Das Brot war gut. Jetzt haben wir keinen Hunger mehr, und warm ist uns auch, und getrunken haben wir auch. Hier stehen Bäume. Sie haben jetzt keine Blätter, aber im Sommer ist das eine schöne Allee. Ich bin absichtlich durch die Hintertür gegangen. Mir ist nämlich eine Abkürzung eingefallen, da sind wir viel schneller bei meinem Freund. Lauter gute Nachrichten, findest du nicht auch? Drückst du das Brot auf deine Wunde?

Du bist so gut zu mir, sagte Mama. Ich vertraue dir.

Aber wir werden ein Stück kriechen müssen, sagte Tochter. Glaubst du, du kannst kriechen? Vielleicht müssen wir ja auch nicht kriechen, vielleicht genügt es, wenn wir gebückt gehen.

Gebückt gehen kann ich, sagte Mama.

Eigentlich müssten sie um den ganzen Häuserblock herumgehen, sagte Tochter, und das sei ein langer Weg. Jetzt zeige ich dir die Abkürzung, sagte sie.

Tochter schlug mit dem Fuß die Scheibe eines Kellerfensters ein. Sie zwängten sich durch das Fenster, und dann gingen sie von einem Kellerabteil zum nächsten. Die Kellerabteile aber waren sehr niedrig, weil Kisten auf dem Boden gestapelt waren, und über die Kisten mussten sie drüber, und das konnten sie nur, wenn sie gebückt gingen.

Tochter ging voraus, Mama folgte ihr. Hier war es dunkel, Tochter sagte, sie solle immer eine Hand ausstrecken, damit sie nicht anstößt. Es roch muffig, und Mama musste schneller atmen als sonst, weil weniger Luft hier unten war. Darum musste sie auch immer wieder rasten. Und so geschah es, dass sie Tochter verlor. Auf einmal war sie allein und wusste nicht mehr, in welche Richtung sie gehen sollte. Sie wollte nach Tochter rufen, aber ihre Stimme wollte nicht. Nein, dachte sie, mit mir geht es nicht aufwärts. Und nun musste sie doch kriechen.

Sie kroch und wusste nicht wohin, und da hörte sie Stimmen vor sich. Sie sah einen Lichtschein vor sich und kroch darauf zu. Es waren Männerstimmen. Erst meinte sie, es seien nur zwei, dann hörte sie, es waren drei. Dann sah sie die drei. Sie saßen in einem Zimmerchen, das hatte ein kleines Fenster mit einer verstaubten und verrußten Scheibe. Ganz nahe kroch sie an die Scheibe heran. Es waren die Männer, die sie überfallen hatten. Sie sah ihren Mantel, der lag auf der Bank neben einem von ihnen. Ihre Handtasche sah sie, die lag daneben. Und das Messer sah sie, mit dem sie niedergestochen worden war. Sie hörte die Männer reden und lachen, sah, wie sie ausspuckten und an ihren Zigaretten zogen, sah, wie der breiteste von ihnen mit einem Streichholz in seinen Zähnen stocherte.

Da packte sie eine Wut und ein Mut, eine Wut und ein Mut, wie sie solche nie in ihrem Leben gekannt hatte. Sie wollte das Fensterchen einschlagen und sich auf ihre Widersacher stürzen. Sie spürte, dass Wärme und Kraft in ihre Muskeln zurückkehrten. Wärme und Kraft, Wut und Mut – wer könnte dieser Mannschaft standhalten!

Sie sah, wie einer der Männer, der breiteste nämlich, vom Tisch aufstand. Sie duckte sich in die Dunkelheit. Auch der zweite erhob sich, und nun auch der dritte. Lachend drängten sie durch die Tür, und während sie drängten, öffneten sie bereits ihre Hosen, und noch hatte nicht jeder seinen Platz gefunden, da sprudelte das Wasser auch schon aus ihnen heraus. Mama wusste, dass Männer, wenn sie zu dritt ihr Wasser abschlagen, gern noch eine Weile darüber hinaus stehenbleiben und reden und lachen, weil die gemeinsame Erleichterung so etwas Schönes ist. Darum wagte sie, das Zimmerchen zu betreten. Sie griff nach dem Messer, das auf der Bank lag und das noch blutig war von ihrem Blut. Sie hörte die Männer lachen und reden. Sie wartete.

Es war etwas Schönes, Wut und Mut, Wärme und Kraft wieder zu spüren. Aber warten macht müde, und so glitt ihr das Messer aus der Hand, und die Augen fielen ihr zu.

Tochter legte die Hand an ihre Schulter. Komm, flüsterte sie, wir müssen uns beeilen! Was nützt eine Abkürzung, wenn man dauernd Rast macht!

Hilf mir, sagte Mama. Zu zweit können wir uns ihnen stellen. Ich habe ihr Messer. An dem Messer ist mein Blut.

Du hast das Messer fallen lassen, sagte Tochter. Beeil dich! Sie lachen schon nicht mehr. Gleich sprechen sie auch nicht mehr. Dann sind sie da.

Aber mein Mantel, sagte Mama. Hier liegt mein Mantel. Siehst du? Es ist ein so guter Mantel. Ich habe ihn von meinem Mann geschenkt bekommen. Er ist nicht nur schön und warm, er erinnert mich auch an meinen Mann. Er hat einen weiten Kragen, keinen Pelzkragen, ein Mantel mit Pelzkragen wäre zu teuer gewesen, aber ein warmer Kragen ist es auf jeden Fall. Manchmal, wenn ich traurig bin, stelle ich den Kragen auf, sodass mein Gesicht ganz in ihm verschwindet, dann spreche ich mit meinem Mann. Kannst du dafür Verständnis aufbringen? Darf ich denn wenigstens meinen Mantel mitnehmen?

Nein, sagte Tochter. Es ist zu spät. Hörst du? Sie sprechen nicht mehr. Gleich sind sie da.

Sie krochen und gingen gebückt und bückten sich und krochen auf der anderen Seite des Häuserblocks aus einem Kellerfenster und waren wieder auf der Straße.

Die Straße war hier breiter. Ab und zu kamen ihnen Autos entgegen. Sie sahen die Scheinwerfer von Weitem.

In manchen Fenstern brannte Licht. Die Vorhänge aber waren vorgezogen. Die Ampeln blinkten gelb. Der Wind war schärfer geworden. Mit einer Hand hielt sich Mama die Wunde, das Brot hatte sie verloren, als sie die Fäuste gegen die Männer geballt hatte, mit der anderen umfasste sie die Enden des Mantelkragens, sodass Nase und Mund geschützt waren. Tochter ging einen halben Schritt hinter Mama. Eine Hand hatte sie auf Mamas Rücken gelegt. Sie schob Mama. Aber es ging trotzdem nur langsam voran.

Ist es noch weit?, fragte Mama.

Bis wohin?, fragte Tochter.

Bis zu deinem Freund, der mir helfen kann. Hast du etwa vergessen, warum wir unterwegs sind? Hast du meine Wunde vergessen?

Da sind wir, sagte Tochter.

Wo?

Dreh dich nach links, du stehst vor seiner Tür.

Es war eine hohe Tür, aber dunkel. Nur die Klingeln waren schwach beleuchtet.

Seine Klingel ist immer die einzige, auf der kein Name steht, sagte Tochter. Das kommt aus der Zeit, als er noch illegal hier war. Er sagt, er wird bis an sein Lebensende seinen Namen nicht unter eine Klingel setzen.

Es gibt aber zwei Klingeln ohne Namen, sagte Mama.

Die andere gehört dem Hausmeister, sagte Tochter. Drück auf die obere.

Mach du das bitte, sagte Mama.

Tochter klingelte fünfmal. Das ist mein Zeichen, sagte sie. Er wird gleich herunterkommen und öffnen.

Wohnt er denn weit oben?, fragte Mama, und ihr war bange.

Ja, er wohnt weit oben, und meistens ist leider der Lift kaputt.

Vielleicht ist er heute nicht kaputt, sagte Mama.

Sie warteten. Dann klingelte Tochter wieder. Aber ihr Freund, der Medizinstudent, kam nicht. Tochter klingelte ein drittes Mal.

Er ist nicht zu Hause, sagte Mama.

Doch, er ist zu Hause, sagte Tochter. Er lernt. Und hört nichts. Wenn er lernt, setzt er sich die Kopfhörer auf und hört laute Musik. So kann er am besten lernen, sagt er. Aber dann hört er nicht, wenn es an seiner Tür klingelt. Darum hat er mir seinen Wohnungsschlüssel gegeben. Damit ich zu ihm kann, auch wenn er lernt und Musik hört.

Mama lächelte, oder sie meinte, sie lächle. Dann ist er eben doch dein Freund, sagte sie. Er ist sicher gut zu dir. Wenn er dir seinen Schlüssel gibt, ist er gut zu dir. Dann ist er auch gut zu mir.

Ich habe den Schlüssel zu Hause vergessen, sagte Tochter. Ich muss beim Hausmeister klingeln. Er gibt mir seinen Schlüssel. Er wird schlecht gelaunt sein, weil wir ihn geweckt haben. Aber das macht nichts.

Meinst du, ich darf mich kurz auf die Schwelle setzen?, fragte Mama.

Das darfst du bestimmt, sagte Tochter. Der Hausmeister schaltet erst das Licht an, und dann hören wir seine Schritte, und dann hören wir ja auch, wenn er aufsperrt. Dann hast du noch genug Zeit, um aufzustehen.

Sie klingelte beim Hausmeister, das war die andere Klingel ohne Namen. Aber beim Hausmeister klingelte sie nicht fünfmal, sondern nur einmal.

Wenn ich das überstanden habe, sagte Mama, können wir uns dann wiedersehen? Ich hätte es gern, wenn wir befreundet bleiben. Ich kenne in dieser Stadt nur wenige Leute, und die kenne ich nicht gut. Hättest du gern eine Freundin wie mich? Ich besitze ein paar Vorzüge, du wirst sehen. Darüber redet man aber nicht. Ich verspreche dir, wir machen uns einen Abend, du und ich, da sollst du nur von dir erzählen. Ich halte den Mund und höre dir zu. Das verspreche ich dir. Dann verraten wir einander auch, wie wir heißen. Willst du das? Kannst du dir das vorstellen?

Da ging das Licht im Hausflur an, und sie hörten die Schritte des Hausmeisters, und sie hörten, wie er vor sich hin schimpfte, und hörten, wie er den Schlüssel ins Schloss steckte. Gerade gelang es Mama noch, sich von der Schwelle zu erheben. Gekrümmt stand sie da, als der Hausmeister die Tür öffnete.

Was wollt ihr denn?, fragte er. Ihr habt mich aufgeweckt.

Neben ihm stand ein Hund. Ein großer, schwarzer. Mit einem Riesenmaul und einem Halsband mit Stacheln aus glänzendem Metall. So viele Zähne waren in dem Maul, dass sich das Maul nicht schließen ließ. Wenn Mama auch nur ein Fingerchen bewegte, schob der Hund den Kopf vor und knurrte.

Ich brauche den Schlüssel, sagte Tochter. Tut mir leid, dass wir dich geweckt haben. Und zum Hund sagte sie: Na, mein Braver.

Tut dir immer leid, sagte der Hausmeister.

Der Hund, sagte Mama leise.

Der ist ein ganz Lieber, sagte Tochter.

Er knurrt mich an, flüsterte Mama.

Das verstehst du falsch, sagte Tochter.

Eine zweite Wunde kann ich mir nicht leisten, sagte Mama.

Gut, sagte der Hausmeister. Jetzt seid ihr einmal da, jetzt bin ich einmal wach. Jetzt ist nichts mehr zu ändern. Mit Mama sprach er nicht, schaute sie nicht einmal an. Also kommt herein, sagte er. Ich muss die Tür zumachen, es zieht. Der Lift geht nicht. Den repariere ich erst morgen.

Das sagst du immer, sagte Tochter.

Dann reparier ihn eben du, brummte der Hausmeister.

Mama hätte sich gern eingemischt, aber sie sagte nichts. Sie hätte gern entgegnet, dass Tochter ein prächtiger

Mensch sei und dass er bitte freundlicher mit ihr reden solle. Aber sie sagte nichts. Sie ging hinter Tochter her, hielt sich nahe bei ihr, sodass der Hund vielleicht meinen konnte, sie sei ein Stück von ihr. Wahrscheinlich meinte das der Hund, denn er knurrte nun nicht mehr.

Der Hausmeister gab Tochter einen von seinen Schlüsseln. Sein Gesicht zeigte immer noch schlechte Laune, aber seine Faust boxte gegen ihre Schulter, und das sah liebevoll aus. Du bist mir eine, sagte er. Wirf ihn mir einfach durch den Türschlitz. Du bist mir eine, du.

Dann war er weg. Und der Hund war auch weg.

Ich hätte ihm gern noch gedankt, sagte Mama.

Das ist nicht nötig, sagte Tochter. Ich richte es ihm aus. Das nächste Mal.

Es war ein mühsamer Weg hinauf in den dritten Stock. Mama musste sich immer wieder auf die Stufen setzen. Einmal ist sie sogar eingeschlafen, und Tochter hat sie schlafen lassen. Aber nur ein paar Minuten lang, dann hat sie gesagt: Steh auf, du brauchst Hilfe. Wenn du zu lange schläfst, schläfst du vielleicht für immer. Vergiss das nicht. Und Mama hat gesagt: Ich weiß, wie du das meinst. Sie hat sich am Geländer hochgezogen und hat sich weiter über die Stiege hinaufgeschleppt.

Sie kamen im dritten Stock an, da war die Nacht schon weit. Tochter sperrte die Tür auf und machte Licht. Mama wartete, an den Türstock gelehnt. Dann sank sie nieder, und als sie niedersank, glitt der Mantel von ihrer Schulter, der ja nur ein Fetzen war, den der Schneider hatte loswerden wollen. Soll ich mich um diesen Mantel bemühen?, dachte Mama. Wie viel Mühe wird es mich kosten, ihn aufzuheben! Wie viel Mühe, meine Arme in die Ärmel zu schieben! Und wird es der Mühe wert sein? Nein. Er ist wie nichts. Er soll bleiben, wo er ist. Er bedeutet mir nichts. Der helle Gefütterte, der mit dem Pelzkragen und dem Pelzbesatz an den Ärmeln, der hätte mir etwas bedeutet. Für ihn hätte ich mir Mühe gegeben. Aber für den da nicht. Nein.

Hallo!, rief Tochter. Ist jemand da?

Sie ging in die Küche. Dort war niemand.

Wenn er lernt, sitzt er immer in der Küche, sagte Tochter.

Sie ging ins Schlafzimmer und schaltete das Licht an.

Eine Frau lag im Bett, die richtete sich auf und schrie. Was willst du hier!, schrie sie. Bist du wahnsinnig geworden! Kannst du nicht klingeln? Mich hätte der Schlag treffen können!

Und Ähnliches mehr schrie sie. Schließlich beruhigte sie sich. Er ist nicht da, sagte sie. Ich weiß nicht, wo er ist, ich weiß nicht, wann er kommt.

Mama tastete sich zu Tochter. Warum spricht sie unsere Sprache?, fragte sie in ihr Ohr hinein. Warum spricht der Hausmeister unsere Sprache? Bitte, erklär mir das.

Aber Tochter erklärte es ihr nicht. Er ist nicht da, sagte sie. Sie weiß nicht, wo er ist, und weiß nicht, wann er kommt.

Das habe ich verstanden, sagte Mama.

Und wer bist du?, fragte die Frau, die eben noch geschlafen und eben noch geschrien hatte, und hielt ihr Gesicht nahe an das Gesicht von Mama. Bist du seine Mutter? Aber nun klang ihre Stimme nicht mehr böse. Sie sagte sogar: Tut mir leid, dass ich vorhin so geschrien habe. Ich bin eben erschrocken.

Mir tut es leid, sagte Mama. Aber sie merkte, dass sie nichts gesagt hatte, dass sie nur etwas hatte sagen wollen. Weiter hätte sie gern gefragt, ob sie sich eine Minute in das Bett legen dürfe. Sie sagte es nicht.

Wer bist du?, fragte die Frau noch einmal. Ich will wissen, wer du bist.

Mama blickte zu Tochter, und Tochter blickte zu Boden.

Können wir hier auf ihn warten?, fragte Tochter.

Wollt ihr mir das nicht sagen? Warum nicht?, fragte die Frau. Und nun klang ihre Stimme wieder böse. Warum wollt ihr mir nicht sagen, was hier vorgeht?

Wir setzen uns in die Küche und sind ganz leise, sagte Tochter. Du kannst weiterschlafen. Wir stören dich nicht. Wir warten nur.

Erst möchte ich wissen, wer sie ist, sagte die Frau.

Sie hat mir ihren Namen nicht genannt, sagte Tochter.

Dann soll sie ihn mir nennen.

Das will sie nicht.

Kann sie nicht für sich selber reden?

Ich rede für sie.

Und warum?

Sie kann nicht mehr reden. Sie braucht Hilfe.

Ich kann doch reden, wollte Mama sagen. Aber sie sagte es nicht.

Wenn ich nicht weiß, wer sie ist, dann will ich nicht, dass ihr in der Küche auf ihn wartet. Dann müsst ihr gehen.

Und so mussten sie wieder gehen.

Auf der Straße hörte Mama einen Zug vorbeifahren, aber sehen konnte sie ihn nicht. Inzwischen hatte es zu schneien begonnen.

Mach dir keine Sorgen, sagte Tochter. Ich weiß, was wir machen. Ich weiß, wo er ist, und ich werde ihn holen. Du brauchst mir nicht zu antworten. Das strengt dich nur an. Komm, schau, ich mach einen Buckel, leg dich auf mich drauf, so trag ich dich. Wenn deine Füße am Boden nachschleifen, das macht nichts. Ich habe viele Freunde, das weißt du, das habe ich dir erzählt. Ich bringe dich zu einem Freund, dort kannst du bleiben, bis ich mit dem anderen komme, der dir hilft. Ja, leg dich auf mich. So ist es richtig.

Ich bin stärker, als du denkst. Ich sehe nur so schwach aus. Du findest, ich sehe nicht schwach aus? Die meisten sagen, ich sehe schwach aus. Es ist nicht mehr weit. Dort vorne ist der Güterbahnhof, dort gehen wir hin. Halt dich an mir fest. Diesem Freund dort muss ich etwas bezahlen, damit du bei ihm bleiben kannst. Er verlangt nicht viel. Warte. Ich muss rasten. Gleich bin ich wieder bei Atem. Schauen wir noch einmal in den Taschen deines Mantels nach. Ob wir ein paar Münzen finden. Wo ist dein Mantel? Wo hast du ihn gelassen? Wo hast du ihn verloren? Ach, er war ja doch nur ein Fetzen, der nicht gewärmt hat und den der Schneider hatte loswerden wollen. Dann schauen wir in deiner Jacke nach. Kann doch sein. Sag ich's doch! Da ist eine Münze. Zwanzig Cent. Und da noch eine. Und noch eine. Ist nicht viel. Aber besser als nichts. So und jetzt komm wieder. Leg dich auf mich drauf. Ich trage dich. Gleich sind wir da.

Dann waren sie beim Güterbahnhof angekommen.

Ich muss dich einen Augenblick allein lassen, sagte Tochter. Ich muss meinen Freund suchen, der den Güterbahnhof bewacht. Er ist nicht weit, aber ich muss ihn suchen. Bleib hier sitzen. Ruh dich aus. Ich bin gleich wieder da. Du hast gesagt, du vertraust mir. Also vertraue mir.

Mama vertraute ihr.

Sie lehnte am Rad eines Güterwaggons. Sie fror nicht mehr. Und Hunger hatte sie auch nicht. Sie schloss die Augen. Ein wenig Schlaf, dachte sie, nur ein wenig.

Sie erwachte, weil einer etwas gesagt hatte. Was hatte er gesagt? Ein Mann hatte etwas gesagt. So ein Zufall, hatte er gesagt. Es war der Mann mit dem Hütchen.

So ein Zufall, sagte er wieder. Er setzte sich neben sie. Es regnete ein bisschen, und ein paar Schneeflocken waren auch dabei. Aber das störte sie nicht.

Sind dir ein paar Reime eingefallen?, fragte er. Ich darf doch Du zu dir sagen?

Das darfst du, ja, sagte Mama.

Hast du inzwischen eine Zigarette?, fragte er.

Ja, zwei, sagte sie. Aber dann fiel ihr ein, dass die Zigaretten in ihrem Mantel steckten und die Streichhölzer auch. Nein, sagte sie, ich habe keine Zigaretten, tut mir leid.

Macht nichts, sagte der Mann mit dem Hütchen.

Er legte seinen Arm um sie, und wieder spürte sie seine warme Hand durch ihre Jacke hindurch. War er inzwischen zu Hause gewesen und hatte sich aufgewärmt an seinem prächtigen Ofen? Oder konnte es tatsächlich sein, dass die Wärme eines Rockkonzerts so lange anhielt? Aber wenn er zu Hause war, warum hat er sich wieder auf den Weg gemacht? Um mich zu finden? Aber wenn er zu Hause war und sich wieder auf den Weg gemacht hat, um mich zu finden, warum hat er sich nicht umgezogen, wie er es sich vorgenommen hatte? Weil er keine Zeit verlieren wollte? Warum wollte er keine Zeit verlieren? Weil er so große Sehnsucht nach mir hatte? Oder weil er fürchtete, er könnte zu spät kommen?

Wenn wir doch nur *Zigaretten hätten*, sagte er nach einer Weile. Das ist ein Reim. Jetzt bist du dran.

Ich weiß keinen, sagte Mama.

Denk nach, bitte!

Wenn wir doch nur *Zigaretten hätten*, sagte sie.

Das ist ein Reim, ja, sagte er. Weißt du noch einen?

Du bist dran, sagte sie.

Wenn wir doch nur *Zigaretten hätten*, sagte er. Jetzt wieder du.

Ich weiß wirklich keinen mehr, sagte sie.

Macht nichts, sagte der Mann mit dem Hütchen und stand auf. Ich bin schon weg. Höchste Zeit für mich.

Da sah Mama auch schon Tochter kommen mit einem Mann an ihrer Seite.

Es war der Mann, der die Schienen und die Waggons bewachte.

Tochter gab dem Mann das kleine Geld, damit er ihnen einen Waggon aufschloss. Aber es war ihm zu wenig.

Was soll ich mit sechzig Cent, sagte er. Das ist eine Beleidigung! Ich bin immer auf die gleiche Art beleidigt worden. Immer habe ich zu wenig bekommen. Ich verlange nicht viel und bekomme doch immer zu wenig. Einmal, nur einmal, einmal möchte ich zu viel bekommen. So viel, dass ich sage: Nein, danke, das war zu viel, nehmen Sie einen Teil zurück. Ich bin ein bescheidener und ehrlicher Mann. Aber wenn man immer zu wenig bekommt, kann man Bescheidenheit und Ehrlichkeit nicht demonstrieren. Ich würde gern einmal zeigen, dass ich ehrlich und bescheiden bin. Kann man das denn nicht verstehen?

Mama nickte und sagte, und sie sagte es dicht an Tochters Ohr, denn ihre Stimme war nun nur noch sehr klein:

Heb deine Hände!

Und Tochter hob ihre Hände.

Spreiz deine Finger!

Und Tochter spreizte die Finger.

Da pflückte Mama Münzen von den Kuppen und gab sie dem Mann, so viele Münzen, bis der Mann sagte: Danke, das ist genug. Mehr will ich nicht, mehr brauch ich nicht.

Der Mann schloss die Tür des Waggons auf, schob sie zurück, sodass Mama hineinkriechen konnte.

Hier warte, sagte Tochter. Ich geh und hol den Freund, der dir hilft.

Und dann war Mama endlich allein.

Man darf singen, aber man muss nicht. Wenn man den Hals gerade nicht frei hat, beschwert sich niemand.

Es war dunkel und war nicht kalt. Es war nicht feucht, und niemand schrie sie an. Und die Wunde tat nicht weh.

Sie hatte keinen Hunger, nur ein wenig Durst. Ruhig war es hier. Jetzt war alles gut. Auch dass sich der Zug nun bewegte, war gut.

Nataša Dragnić
Sandfluchten

Sand in den Augen

»Ich bin auf der Flucht.«

»Aber warum ausgerechnet Cagliari?«

»Die Anreise war kompliziert genug.«

Der Sand flog ihr ins Gesicht, brannte in den Augen, stach in die nackte Haut. Sie lag am Strand del Poetto, irgendwo zwischen der Sella del Diavolo und dem Torre di Mezza Spiaggia, ganz nahe am Meer. Ihr war nach Weinen zumute. Seit fünf Tagen schon war ihr nach Weinen zumute. Seitdem sie hier gelandet war. Was eine deutliche Verbesserung war – denn davor hatte sie tatsächlich nur geweint.

Schon am Flughafen das Gefühl, zu Hause zu sein: die heiße Oktobersonne, als wäre es August, Palmen, Olivenbäume, Oleander, trockene Erde und flimmernde Luft. Sie hatte hinten im Taxi gesessen und geschwiegen, den Fahrerblick im Rückspiegel gemieden.

»Das erste Mal in Cagliari?«

»Ja.« Sie schaute aus dem Fenster. Verrostete Leitplanke. Sie hätte wieder weinen können, machte aber stattdessen die Augen zu und versuchte es mit glücklichen Gedanken.

»Warum weinen Sie, Signora?«

Sie schüttelte den Kopf, setzte wieder ihre Sonnenbrille auf. Und dann waren sie schon da, vor dem *T Hotel*.

»Das Leben ist schön, alles wird gut sein, Signora«, sagte der Fahrer zum Abschied, und sie lächelte ihn dankbar an, als hätte er ein Orakel verkündet. Hätte er sie umarmen wollen, hätte sie nicht Nein gesagt. Von der eigenen Erbärmlichkeit wurde ihr schwindlig. Sie flüchtete in die klimatisierte Kühle des Foyers.

Das Zimmer wechselte sie nur zweimal, der Empfangschef lächelte ununterbrochen, verneigte sich ein wenig, als sie im dritten Zimmer am Fenster stehen blieb, in die Ferne auf das Meer blickte und sagte: »Wunderschön.« Als sie allein war, packte sie unordentlich und nur teilweise aus, zog den Badeanzug und das türkisblaue Strandkleid an und ging an die Hotelbar, wo sie einen Barkeeper mit roter Brille ganz für sich allein hatte. Sie bestellte ein stilles Wasser, und er lächelte verschwörerisch. Sie schwieg aber, vertraute sich ihm nicht an. Es war noch zu früh für Dummheiten, zu früh am Tag – und überhaupt.

Am Empfang erklärte man ihr den Weg zur nahe gelegenen Bushaltestelle, wo sie die Linie M bis zum Hafen nehmen und dort in den Bus PF oder PQ umsteigen sollte. Die Hitze auf der Straße überraschte sie, die Leute in Wintermänteln auch. Im Bus berührte ihr nackter Arm die grobe Wolle eines Pullovers. »Verrückte Touristen«, ein Gedanke, den man hören konnte. In der Via Roma stieg sie aus und überquerte die Straße zum Hafen, vergaß für den Moment die Weiterfahrt und den Strand, vom silbrig glitzernden Meer angezogen. Alles schimmerte in der grellweißen Luft, der Hafen, Schiffe, Straßen, Autos, Gebäude, Steinplatten. Sie kletterte über einen Zierpflanzenkübel und blieb neben einer Bank stehen. Zwei Katzen schlenderten an ihr vorbei. Sie atmete tief ein, und zum ersten Mal seit Wochen verspürte sie etwas, das man leicht mit Freude hätte verwechseln können. Langsam ging sie zurück zur Haltestelle. Der Wind machte die Hitze, das Warten auf den Bus, den Verlust erträglicher. Sie war ihm dafür dankbar gewesen. Damals, am ersten Tag.

Jetzt nicht mehr. Jetzt kannte sie ihn schon gut genug, auch seine Nachteile. Jetzt erhob er den Sand, wirbelte ihn herum in alle Richtungen, scharf wie Messerspitzen, und sie spürte die Tränen in den Augen, auf der rechten Wange, die auf dem Badetuch lag. Das mit Sand bedeckt war. Sie erwog ihre Optionen. Hier bleiben und weiterhin leiden.

Aufgeben und ins Hotel zurückfahren, wo sie nichts zu tun hatte. Aufgeben und in die Stadt fahren, wo es heiß und alles leer und geschlossen war zu dieser Zeit. Hier verharren, ins Wasser gehen, wo der Sand nicht wehtat, und da bleiben, bis sie Hunger bekam.

»Wovor flüchten Sie?«

Er hatte so lange geschwiegen, dass sie ihn vergessen hatte. Sie hob langsam den Kopf, sah ihn abwesend, sogar ein wenig enttäuscht an. Wie lange saß er schon neben ihr und versuchte sich breitzumachen, als wollte er sie vor dem Sand schützen?

»Guten Tag, Entschuldigung«, hatte er vorhin gesagt, und sie hatte die Augen noch fester zugemacht. Diese Strandverkäufer! Man hatte keine Ruhe vor denen, und egal, wie oft man Nein sagte oder sie ignorierte – sie kamen immer wieder, wie die Wellen, wie die Hitze.

»Guten Tag, Signorina. Darf ich Sie kurz stören? Hier, für Sie.«

Das war nicht die Stimme oder die Sprache eines afrikanischen Flüchtlings gewesen, der den Strand von Poetto mit seinen Uhren und Tüchern und Halsketten und Taschen und Tonfiguren eroberte und jeden duzte. Sie hatte die Augen geöffnet und eine ausgestreckte Hand vor sich gesehen, voll flacher, runder, mehr oder weniger heller Steinchen, die auf der Oberfläche schneckenartige Linien zeigten.

»Für Sie. Sardische Glücksbringer. Schützen vor bösen Geistern und fliegendem Sand.«

Sie hatte sich ein wenig erhoben, den Körper zur Stimme gedreht, um das Gesicht sehen zu können. Und ihm dann gleich das mit der Flucht gesagt.

Jetzt sah sie erneut in seine dunkelblauen Augen in dem dunkelgebräunten Gesicht. Die grauen Haare ganz kurz, sodass man hätte denken können, er hätte eine Glatze. Die Glücksbringer hielt sie fest in der Hand, wie einen Rettungsring, der sie vor der verwehenden Kraft des Windes schützen könnte.

»Wovor flüchten Sie?«, wiederholte er die Frage und lächelte sie an, aber nur mit dem Mund, die Augen, diese unglaublich blauen Augen, blieben ernst, sogar ein wenig besorgt.

»Vor meinem Mann und meiner Tochter, vor meinem Liebhaber und seiner Frau und seiner Tochter. Vor mir selbst.«

»Ich verstehe«, sagte er sehr sachlich, nickte sogar ein paarmal, sodass sie lachen musste, ganz laut. Sofort kamen ihr auch wieder die Tränen, die sich augenblicklich mit dem Sand vermischten und an ihren Wangen kleben blieben.

Er stand auf und reichte ihr die Hand. »Wollen wir schwimmen gehen, uns vor dem Sand flüchten?«

Sie ließ sich von ihm ins Meer führen, wie ein kleines Mädchen, das sie in dem Augenblick auch war, höchstens fünf Jahre alt. Verschreckt und verunsichert und verängstigt und verloren.

Als ihr das Wasser bis zum Badeanzug reichte, blieb er stehen und sah sie von der Seite an. Er war sehr groß, so einen großen Mann hatte sie in diesen fünf Tagen in Cagliari noch nicht gesehen. Kräftig, mit einem Bauchansatz. Eine Welle, nur eine Welle, und sie spürte seinen Körper ganz nahe.

»Entschuldigung.«

»Aber ich bitte Sie! Lassen Sie mich Ihre Stütze sein, Ihr Baum«, sagte er, und sie traute ihren Ohren nicht.

»Im Meer wachsen keine Bäume«, sagte sie fast schroff.

»Ein starker Baum mit tiefen Wurzeln kann einen vor allem schützen, vor dem Regen und dem Wind und der Sonne ...«

Sie hob ihren ungläubigen Blick zu seinen Augen, und er drückte fester ihre Hand, umhüllte sie wie ein Kokon.

»Ein Baum kann Leben retten, Leben schenken, er ist ein Symbol des ...«

»Wollen wir hineinspringen?« Ihr wurde allmählich übel von so vielen Wörtern, die nichts bedeuteten, die wie ein Köder um sie tänzelten. Sie betrachtete seinen Mund, seine Lippen, die sich weiterhin bewegten, auch sie gebräunt von der ganzjährigen Sonne. Einige Salztropfen hingen an ihnen, vom Wind dahin platziert.

»Sie starren mich an.«

»Sie mich auch.«

Aber bevor irgendetwas passieren konnte, etwas, das die ganze Flucht lächerlich und überflüssig gemacht hätte, sprang sie in die Wellen und zog ihn hinter sich her — vorhin noch ein jahrhundertealter Baum, jetzt leicht wie eine Blume. Momentanes Entsetzen über den eigenen Gedanken, Sorge, sie habe sich anstecken lassen. Sein Arm berührte ihren Oberschenkel, ihre Hüfte. Sie drehte sich um, machte die Augen auf, konnte ihn aber nicht klar sehen, seine Augen nicht, zu viele aufgewachte Sandkörner um sie herum. Wie in einer Schneekugel. Sie tauchten auf, an seinen Wimpern hingen Tropfen und fielen nicht ab.

Sie lockerte den Druck ihrer Hand, er nicht.

»Ich will schwimmen«, sagte sie leise, ihre Stimme zitterte, als wäre sie schon geschwommen, mindestens acht Bahnen im schweren Chlorwasser, in dem sie eigentlich nie schwamm.

Er ließ sie gehen. Plötzlich wusste sie nicht, wohin mit dieser Hand, dem ganzen Arm. Und in der anderen Faust hielt sie immer noch die Steinchen: Sie hatte das Gefühl, sie würde ertrinken. Bevor die Panik sie unbeweglich machen konnte, spürte sie seine Arme um sich, nicht fest, ganz zärtlich, sachte Berührungen. Wie der nasse Sand. Dann tauchten seine Augen so nahe vor ihr auf, dass sie ihre schließen musste, um über Wasser bleiben zu können.

»Wie heißen Sie?«, fragte er, als sie wieder in der Sonne und dem wild herumfliegenden Sand standen und ihre Haut schon trocken war.

»Sandra.«

»Was für ein schöner Name, voller Poesie ...«

»Das ist zu viel.«

Dann schauten sie beide verlegen aufs Meer.

»Ich heiße Giancarlo.«

»Giancarlo«, wiederholte sie leise und langsam und unerwartet lustvoll.

»Wo wohnen Sie?«

»Im *T Hotel*.«

»Es liegt nicht am Meer.«

»Aber es hat einen Turm. Mein Zimmer ist im Turm, in der elften Etage. Die Aussicht ist atemberaubend. Ich überblicke die ganze Stadt. Wenn ich jetzt in meinem Zimmer wäre, könnte ich uns hier am Strand stehen sehen.« Sie hörte sich selbst zu und wunderte sich über so viele Worte.

Er erwiderte nichts, hob nur leicht die Augenbrauen.

»Und ein Kellner hat eine rote Brille.«

»Das erklärt doch alles.«

Sie warf ihm einen misstrauischen Blick zu, so als wollte sie ihm sagen, er solle in seiner Rolle bleiben.

»Und sie lassen mich so viel Nachtisch haben, wie ich will.«

Dann fiel ihr nichts mehr ein, und sie senkte den Kopf, beobachtete ihre Füße, die dabei waren, im Sand zu verschwinden.

»Gibt es hier Treibsand?«

»Sie müssen nichts fürchten, Sie können sich an Ihrem Baum festhalten, wenn Sie fühlen, dass Sie untergehen.«

»Ich bin doch kein Schiff.«

»Nein, aber Sie sind auf der Flucht.«

Sie drehte sich um, erschöpft von so vielen Worten, die so wunderbar gewesen wären, wenn ein anderer sie gesprochen hätte. Sie fing an, ihre Sachen zusammenzupacken, schüttelte das Badetuch, ein Sandvorhang. Er ließ sie machen, schwieg, schaute ihr zu und ging dem Sand aus dem Weg.

Als sie ihm angezogen gegenüberstand, fragte er: »Kann ich Sie heute zum Essen einladen? Haben Sie schon unseren Cannonau gekostet? Oder den berühmten Filu 'e ferru? Es gibt so vieles, was ich Ihnen zeigen möchte.« Das Blau seiner Augen wie die Tiefe des Meeres, die sie nie erlebt hatte.

»Um sechs unten im Hafen, gegenüber dem Feltrinelli-Buchladen, ich werde auf der Bank sitzen und den Schiffen beim Leuchten in der Sonne zusehen. Dann will ich, dass Sie mich – bevor Sie mich betrunken machen – in einige Buchhandlungen führen. Ich muss Bücher unter meiner Hand spüren.« Und weg war sie. Überrascht über diese Verabredung. Wie ihre wirren, widersinnigen Gedanken flog der Sand um ihre nackten Beine, ihre Flip-Flops verschwanden immer wieder. Es war deutlich zu sehen, dass sie es nicht gewohnt war, im Sand zu laufen.

Der Bus kam gleich, sie hatte Glück. Sie hob die Hand, winkte, der Bus hielt an. Das würde sie Giancarlo heute Abend fragen, das mit dem Bus und der Hand und ob es da Regeln gab, wer die Hand heben sollte. Sie nahm am Fenster Platz. Es war eine lange Fahrt, mit jeder Haltestelle wurde es voller. Sie wunderte sich über alles. Alles war so anders als das Leben, das sie nicht mehr hatte – nicht einmal dessen Scherben gehörten ihr. Die Leute im Bus, die sich so laut miteinander unterhielten, als säßen sie im eigenen Wohnzimmer. Dieses Bedürfnis, sich auszutauschen, ob man sich kannte oder nicht, das hatte sie vergessen. Vielleicht war sie tatsächlich zu lange schon im

Norden, wo es im Oktober nie so warm sein konnte. Bilder und Stimmen aus dem Bus vermischten sich mit denen in ihrem Kopf, sie hörte ihre Tochter lachen und ihren Mann schweigen und ihren Liebhaber Lügen verbreiten und seine Frau schreien, und schon wieder wurde ihr eng in der Kehle, im Magen. Und es fiel ihr auf, dass sie seit dem ersten Blick in jene blauen Augen nicht geweint hatte. Es vergessen hatte – zu weinen und nachzudenken und zu trauern, nach den Resten ihrer selbst zu greifen, die wie Papierfetzen im Wind herumwirbelten, immer höher, immer unerreichbarer. Und während sie die endlose Viale Armando Diaz entlangfuhr, wurde ihr klar, dass die kurze Zeit, die sie mit diesen Augen verbracht hatte, die einzigen Stunden seit Wochen waren, in denen sie ihren Verlust vergessen hatte. Die leeren Stellen. Die Löcher, die nach dem Herausreißen von vielen Seiten entstanden waren. Und zum ersten Mal dachte sie, es könnte noch alles gut gehen, und für dieses Gefühl war sie ihm dankbar, bereit, ihm die Süßlichkeit seiner Worte zu verzeihen, den unerträglichen Zuckerguss. Sie wunderte sich nicht mehr, seine Einladung angenommen zu haben.

An der Via Roma wechselte sie den Bus. Es war zu warm, um den Berg hochzulaufen. Das hatte sie übrigens auch überrascht, wie hügelig die Stadt war. Ein ständiges Auf und Ab. Wobei das Auf einfacher zu bewältigen war als das Ab. Auf und ab. Ab. Nur noch ab.

Im Hotel angekommen, ging sie zuerst in die Bar und bestellte eine große Flasche Wasser. Die Hitze pochte ihr in den Schläfen. Viel Zeit hatte sie nicht. Im Glas befand sich eine dünne Scheibe Zitrone. An zwei Tischen wurden Geschäftsgespräche geführt. Sie dachte an ihre Tochter. Das größte aller Löcher, aus denen sie zu bestehen schien. Sie bestellte ein Sandwich Omelette, versuchte es zu stopfen, dieses Loch. Danach noch ein Tiramisu, bis ihr schlecht wurde. Sie zog sich in ihr Zimmer zurück, legte sich aufs Bett, schloss die Augen. Ihre Tochter, die sie ablehnte, ihr den Rücken zudrehte, ihr trockener Blick, ihr Mund, gespannt, verzogen, stumme Verletzung, die »Verrat, Verrat« schrie. Ihre Tochter.

Das Telefon klingelte. Sie setzte sich jäh auf, verwirrt. »Hallo?«

Eine Frauenstimme sagte etwas, sie verstand es nicht.

»Nina, Schatz? Bist du es?« Und schon liefen ihr die Tränen über das Gesicht. Ohne einen Mann leben, das konnte sie, auch wenn sie darauf nicht vorbereitet war. Ohne ihr Kind … Sie hörte kurz zu, versuchte schnell nachzudenken, eine Entscheidung zu treffen, und irgendwann sagte sie dann: »Ja, bitte.« Sie blieb auf dem Bett sitzen. Die Sonne stand schon sehr tief, aber es war noch hell. Sie hatte immer noch ihr Strandkleid an, ihren Badeanzug.

Es klopfte an der Tür. Sie sagte »Herein«, aber nichts passierte, also richtete sie sich auf und fiel fast um, ging zur Tür, machte sie auf, zog sich zurück, ohne ihn anzusehen. Im Gesicht der kreisförmige Abdruck von einem Glückssteinchen. Schweigend standen sie mitten im Zimmer. Dann legte er einen Finger auf ihre Wange und folgte der dunklen Linie.

»Sie sind nicht gekommen, ich habe mir Sorgen gemacht.«

Sie entzog sich ihm, legte sich wieder aufs Bett, als wäre er gar nicht da, machte die Augen zu. Ohne ihr Kind …

»Aber jetzt sehe ich, dass Sie selbst zu einem Glücksbringer geworden sind.« Ein Lächeln schwebte unprätentiös in seiner Stimme. »Also geht es Ihnen gut? Sie haben es sich einfach anders überlegt, oder?«

Sie schüttelte den Kopf, versteckte sich im Kopfkissen. Dann spürte sie die Bewegung der Matratze und seine Hand auf der Taille, und sie fing an zu schluchzen. Er umarmte sie ein wenig unsicher und umständlich, die Lage war nicht günstig, sie ließ ihn gewähren, lag schlaff in seinen Armen.

»Sie sind so ... so weich, als hätten Sie keine Knochen und keine Muskeln.«

Sie weinte noch lauter.

»Ich bin ein Schweizer Käse, Emmentaler bin ich, bestehe nur aus Löchern ...«

Er lachte und hielt sie fester. Und dann musste auch sie lachen, und sie lehnte den Kopf an seine Schulter, und allmählich überfiel sie eine Ruhe, die immer tiefer wurde, und als sie den Blick hob, um seinen zu treffen, begegnete sie nur der Dunkelheit. Die Sonne war heimlich untergegangen.

»Ich sehe Sie nicht.«

»Sie können mich spüren, mich, Ihren Baum. Seien Sie meine Blüten.«

»Nicht schon wieder ...«

Aber er unterbrach sie mit einem Kuss, und sie wehrte sich nicht, nicht einmal aus Anstandsgründen, denn es fühlte sich auf eine widersprüchliche und völlig unerwartete Art und Weise richtig an, wenn auch ungewöhnlich und ein wenig fremd.

Mitten in der Nacht, der warmen und nach heißem Herbst duftenden sardischen Nacht, fragte er sie: »Willst du mir jetzt erzählen, was los ist?«

Wie Tag und Nacht lagen sie aneinander, sie fühlte sich wohl und bereit zu vergessen. Also schüttelte sie den Kopf an seiner Brust und machte ein paar Schnarchgeräusche. Er lachte nicht.

»Wovor bist du geflohen?«

»Vor dem Schmerz.« Sie richtete sich auf, drehte ihm den Rücken zu. »Aber ich verrate dir mal was, man kann sich nicht vor ihm verstecken. Er bohrt Löcher in dich rein, reißt dir das Fleisch von den Knochen und lässt dich kalt verbluten.« Ihre Stimme hatte den Rhythmus der Brandung angenommen. »Ich verließ meinen Mann, meine Tochter verließ mich, mein Liebhaber wurde von seiner Frau verlassen und verließ mich anschließend, und als ich dachte, ich würde sterben, packte ich den Koffer, sehr schnell und sehr entschieden, flüchtete, versteckte mich ... fand dich.« Ihre Augen waren trocken, ihr Herz ausgeleert, ihre Stimme die kühle Nachtbrise.

»Wollen wir spazieren gehen?«

»Ich war noch nicht nachts in der Stadt.«

»Das Nachtleben ist aufregend hier. Lass es mich dir zeigen.«

»Ich möchte in einem der Restaurants in der Marina essen, an einem der kleinen Tische in einer der engen Gassen sitzen und Wein mit dir trinken, deine Hand halten, dein Knie zwischen den meinen spüren, laut lachen und so tun, als würde ich dazugehören. In dieser kleinen Straße, die in die Via Mannu führt, will ich ein großes Eis essen, und danach will ich in die Bar oben im Castello gehen, die mit der tollen Aussicht ...«

»*Libarium Nostrum*.«

»Da will ich mich an dich anlehnen, die Sterne zählen, als gäbe es nichts anderes auf der Welt, keine andere Welt ...«

Sie stand auf und ging zum Fenster. Ihre Nacktheit leuchtete im Straßenlicht tief unter ihnen.

»Als wäre ich kein Schweizer Käse«, fügte sie leise hinzu, so wie nebenbei. »Morgen kannst du dann den Tag bestimmen. Und den Tag danach auch.« Sie bot ihm ein Lächeln an, als wäre es ein Weihnachtsgeschenk – mit Geschenkpapier, Schleife und allem Drum und Dran.

Sie zogen sich an und verließen das Zimmer. Im Aufzug sah sie ihn und sich im Spiegel nebeneinander stehen. Erst jetzt bemerkte sie, dass er einen Schlips anhatte, und ihr wurde plötzlich klar, dass letzten Endes ein Schlips es gewesen war, der diesen Abend, diese Nacht möglich gemacht hatte. Es gab etwas Rührendes im Bemühen dieses Mannes, sie ins Bett zu kriegen. Sie passten gut zueinander.

Auf der Straße durchfuhr sie ein Zittern. Da war sie wieder, diese erfrischende Brise, die nach Salz und feuchtem Sand roch. Und die Hoffnung auf ein gutes Ende. Sie knüpfte ihr Jäckchen zu und nahm seine Hand. Seine Finger verzweigten sich fest in ihren, seine Augen verfolgten sie bei jeder Bewegung – wie die Nacht selbst. Sie fühlte Wurzeln in sich wachsen. Dabei ging mindestens eins der Löcher zu.

Das Meer aus Sand

Ein heißer Sonnenstrahl weckte ihn. Er öffnete die Augen nicht, es gab nichts zu sehen. Er blieb liegen, es gab keinen Grund aufzustehen. Der Schmerz war mittlerweile ein guter Freund. Und natürlich waren da noch die Sonne und der Sand. So wollte er es. *Plötzlich letzten Sommer.*

Hinter den geschlossenen Lidern der Traum, mit dem er aufgewacht war. Ein Schiff schaukelt auf dem ruhigen Meer, die Sonne ist blass vor Helligkeit. Man kann Stimmen auf dem Deck hören, fröhliche, aufgeregte Stimmen. Und trotzdem liegt über allem Totenstille. Plötzlich verschwindet das Schiff. Es passiert so unerwartet, dass man glauben muss zu träumen. Es löst sich auf. Wo es noch vor einem Augenblick gewesen ist, befindet sich jetzt ein großer roter Fleck. Als wäre es von einem Hai verschluckt worden. Nichts rührt sich. Die Meeresoberfläche ist glatt und einladend. Und er, ein einfacher Beobachter, bekommt Angst.

Er machte die Augen auf. Bücher, überall seine geliebten Bücher, wie Schatten, wie Wächter. *Die Gespenstersonate.* Die Angst war geblieben. Er setzte sich und lugte durch das Bullauge seines Bootes. Schrille Sonne und blendender Sand begegneten seinem begrenzten Blick. Und ein Vogel, kaum erkennbar in der Höhe. Er stellte sich vor, der Vogel würde sich über sein Boot in der Wüste, im Herzen von Nirgendwo, wo die Zeit keine war, wundern. *Tage ohne Ende.* Wunschlos nannte er diesen Zustand. *Der König amüsiert sich.* Nicht einmal Hunger hatte er. Nichtsdestotrotz stand er auf und bereitete sich ein bescheidenes Frühstück. *Königliche Hoheit.* Das Leben ging weiter, und er hatte beschlossen, es dabei zu belassen, in seinem Boot ohne Aussicht. In seinem Boot aus Büchern. *Der König stirbt.*

Er briet zwei Eier und füllte ein nicht sehr sauberes Glas mit kalter Milch. Seine Kühlbox diente ihm noch makellos. Er aß und trank, und als der Teller und das Glas leer waren, freute er sich, dass alles vorbei war und er sich den wichtigen Sachen widmen konnte. *Jenseits von Eden.*

Er musste nicht einmal aufstehen, um die Sachen wegzuräumen, so wenig Raum gab es in seinem Boot. Er zog vom anderen Ende des Tisches einen hohen Stapel Papier zu sich. Obendrauf lag ein Füller, schwarzblau, mit zwei goldenen Ringen. Nachdenklich nahm er ihn in die Hand, betastete ihn langsam, als würde er ihn zum ersten Mal fühlen, und betrachtete gleichzeitig die leere Oberfläche des oberen Blattes. *Metamorphosen. Die Verwandlung.* Weiß wie die Wolken am Himmel, den er von da, wo er saß, nicht sehen konnte. Sie waren das milde, wohlwollende Lächeln, wenn er eines brauchte.

Unter dem ersten tintenlosen Blatt lagen andere tintenlose Blätter, sehr viele. Und dann die letzten drei. Die waren schwarz beschrieben. Ganz eng, mit filigraner Schrift. Er zog diese drei Blätter von unten heraus und fing an zu lesen. *Eines langen Tages Reise in die Nacht. Eine langweilige Geschichte.* Er selbst hatte es geschrieben. *Bekenntnisse eines Egoisten.* Sein Rettungsring, er hielt ihn fest an sich gedrückt: das letzte Stück Leben, das ihm geblieben war.

Die Kappe des Füllers legte er neben den Papierstapel, auf die rechte Seite. Er überprüfte, ob der Tintenbehälter voll war. Er hasste es, mitten in der Arbeit aufhören zu müssen, um nachzufüllen. Er schraubte den Federhalter wieder zu. Dann schloss er die Augen und sah alles vor sich, so wie es gewesen war. *Gefährliches Spiel.* Wie es gewesen sein musste. Er sah, was niemand gesehen hatte. Dann schrieb er. *Große Erwartungen.*

Das Schreiben war nie seine große Leidenschaft gewesen, nicht einmal eine Freizeitbeschäftigung. Er hatte so viel zu tun gehabt. *Tage der Freuden.* Damals. Er hatte gearbeitet, um Geld zu verdienen. Er hatte keine Mittagspause gemacht, um früher nach Hause gehen zu können. Er hatte keine großen Ambitionen gehabt. Er hatte eine Familie gehabt. Das war sein Lebenswunsch und Lebensinhalt gewesen. Und die Bücher. *Alle meine Söhne.* Er hatte immer davon geträumt, im Lotto zu gewinnen oder eine Erbschaft anzutreten, um nicht mehr arbeiten zu müssen und bei seinen Engeln bleiben zu können. *Der Engel, der das Wasser trübte.* Das Wasser!

Jetzt hatte er alle Zeit der Welt und noch mehr. Er hatte nichts zu tun. So gewaltig war dieses Nichts, dass er anfing, nachts zu träumen und tagsüber zu schreiben. *Spiel im Morgengrauen.* Er war entschlossen, das größte Geheimnis des Universums, das seine Heimat geworden war, zu lüften. Es bereitete ihm aber keine Freude, an dieser Enthüllung zu arbeiten. Jederzeit wäre er sofort in sein altes Leben zurückgekehrt. Hätte es dieses noch gegeben. *Die Insel des vorigen Tages.* Nur die Bücher waren geblieben.

Er nahm den Füller in die Hand und setzte an. Er war Linkshänder. Das erste Wort kam noch zögerlich, unbeholfen. *Der Totentanz.* Auch das zweite und das dritte, meistens auch das vierte und das fünfte, manchmal sogar das sechste und das siebte ließen sich nur mit der größten Mühe aufs Papier bringen. Als wäre es ihnen unangenehm, so alleine dazustehen, die weiße Fläche befleckend. Unheimlich sogar. Sie versuchten oft, sich hintereinander zu verstecken, seine ersten Worte. *Vor dem Sturm.*

Er beachtete sie normalerweise nicht, mit Ängsten kannte er sich aus. Er hatte es früh gelernt. *Das furchtbare Jahr.* Dachte, damit klarzukommen. Aber dann. Als es dann so weit war, flüchtete er zuerst in die Einsamkeit, danach in die Wüste, wo er sein wasserscheu gewordenes Boot verankerte, wo sich eine Angst mit der anderen vermischte und zu einem Felsbrocken wurde, den er zu tragen hatte. Oder ablegen musste. Oder aber in Milliarden winziger Partikel zerbrechen konnte. Man hatte immer eine Wahl, das war die gute Nachricht – mehr oder weniger die einzige.

Also schrieb er weiter. *Buch der Träume.* Er überhörte die Schreie und überging entschlossen den anfänglichen Widerstand seiner Kreationen. Und schuf, unerbittlich und unermüdlich. Es ging letzten Endes immerhin um sein Leben. *Zweite Geburt.* Irgendwann legte er sich dann in seine Koje und schlief. Und träumte. *Die Frau vom Meer.* Und schlief.

Um am nächsten Morgen wieder von der Sonne geweckt zu werden, verschwitzt und in einem leichten Panikzustand. *Krieg und Frieden.* Wie jeden Morgen. Er erinnerte sich noch sehr gut an den Film, in dem ein Journalist immer wieder den gleichen Tag erlebte. *Die große Depression.* So ging es ihm auch, nur dass er in keinem Film gefangen war.

Während er durch das aussichtsarme Bullauge in die abwesende Welt hinausschaute, dachte er an den Traum. Er war fast immer gleich. Wie fantasielos! *Das Teufelsschiff.*

Ein Schiff auf dem Meer. Alles ruhig und still. Die Sonne scheint königlich und erleuchtet das Schiff wie ein Bühnenreflektor. Kinder lachen. Fröhliche und entspannte Stimmen. Möwen freuen sich auf die bevorstehende Mahlzeit. Es ist kurz vor elf Uhr. Wie ein fliegender Kameramann umkreist er, der stumme Beobachter, das Schiff, nach seiner Familie suchend. Mit dem angespannten Blick. Er kann sie nirgendwo finden. Er kreist immer schneller und schneller und schneller, und dann geschieht es. Es verschwindet. Lautlos. Spurlos.

Der Traum an sich verbarg keine Geheimnisse, es war ein Unglück gewesen. Er erinnerte sich noch an das Gesellschaftsspiel: Welche fünf Sachen nimmst du mit auf eine einsame Insel? Hatte nie etwas damit anfangen können. Bis zu dem Tag, als ein Schiff am anderen Ende der Welt anscheinend grundlos verschwand. *Die Wellen. Die Räuber.* Mir nichts, dir nichts. Jetzt siehst du mich, dann wieder nicht. Augen zu, und ich löse mich in Luft auf. Besser noch in Wasser. In Salz. Jetzt hörst du noch das Lachen und das vergnügte Quietschen der Kinder, dann wieder nicht. *Unwiederbringlich.* Einfach verschwunden. *Fußgänger der Luft.*

Ohne ihn. Das war die eigentliche Tragödie, die ihn seine fünf Sachen packen ließ und in die Wüste schickte, auf dieses Boot. Im Sand. Er hatte den idealen Platz gefunden, im Nirgendwo, im Oz-Land. In der Zwischenwelt. *Flucht.* Der ideale Platz auch für seine vielen, vielen Bücher. Die ständig in seinem Kopf herumgeisterten. Sie ließen ihm keine Ruhe. Sie überfielen ihn ohne Vorwarnung. *Innere Stimmen.* Sie vermischten sich mit seinen Gedanken, sodass er sie nicht mehr voneinander zu unterscheiden wusste. Seine nutzlose Existenz. *Der erste Mensch. Der Fremde. Der Doppelgänger.*

Dann frühstückte er, legte das Schreibpapier vor sich, öffnete den Füller und schrieb. *Geschichte der Nacht.* Und schrieb. Er überließ alles der schwarzen Tinte. *Rot und Schwarz.* Voller Vertrauen und Ergebenheit. Bilder zeichneten sich auf den immer dunkler werdenden Blättern ab. *Der Weg ins Freie.* Das abwesende Meer rauschte in der Sonne und unter dem wolkenlosen Himmel.

Er trank ein Glas Wasser, machte aber keine Pause. Es war sehr heiß. Auch wenn er fühlte, dass seine Finger brannten, und obwohl es wehtat, schrieb er weiter. Er tauchte seine Hände in das kühle Meereswasser, schloss die Augen und musste lächeln, denn er bekam gleich Besuch. Kleine und noch kleinere Fische kauten an seinen Fingerspitzen. Die Verbundenheit. Er tauchte seine

Arme tiefer hinein. Die hellen Haare an seinem Körper tanzten im salzigen Wasser nach einer für ihn nicht hörbaren Musik. Er tauchte den Kopf hinein. Mit offenen Augen und aufgeblasenen Backen betrachtete er das seltsame Spiel der Fische. Er lächelte. Im selben Augenblick bemerkte er eine graue Masse, die sich ihm näherte. Er wartete unerschrocken. Erst als sie unmittelbar vor ihm war, sprang er hastig aus dem Wasser. Er ließ den Füller auf den Tisch fallen. *Die Schönen und Verdammten.* Mitten im Wüstensand bekam er Gänsehaut und musste husten, als hätte er Wasser geschluckt.

Er stand auf und verließ die Kabine. Als sein nackter Fuß das Deck berührte, schrie er kurz auf und zog sich in die Kajüte zurück. Die Oberfläche seines Bootes war glühend heiß, ihm kam es vor, als rieche er das brennende Holz. Erst dann wurde ihm klar, dass er schon seit Tagen das Innere des Bootes nicht verlassen hatte und dass es höchste Zeit war, sich um die Wasservorräte zu kümmern. *Wenn wir Toten erwachen.* Er lächelte müde. Was wäre er ohne seine Bücher! *Der Mann ohne Eigenschaften.*

Er sah sich in der Kabine um, und nach längerem Suchen fand er seine Sandalen. *Haben und Nichthaben.* Er zog sie an, ohne sie zuzumachen, und unternahm den zweiten Versuch, das Boot zu verlassen, diesmal ohne Verbrennungen.

Die Stadt in der Wüste. Man kannte ihn dort nur vom Sehen, er sprach mit niemandem. *Der Menschenfeind.* Beim Einkaufen deutete er einfach auf die Sachen, die er brauchte, und bezahlte sie stumm. Manchmal lächelte er, anstatt sich zu bedanken, aber ohne den Menschen in die Augen zu schauen. *Ein fliehendes Pferd. Der Blinde. Der Idiot.* Er eilte wie gewöhnlich durch die kleine alte Stadt, die ihn durch ihre Weißheit blendete. Weiß auf weiß. Selten begegnete er einer Frau. Die versteckten sich nicht vor ihm. *Die Elenden.* Sie versteckten sich vor der Welt. *Männer ohne Frauen.* Aber das sah nur so aus. Kinder gab es viele. Also mussten auch ihre Mütter in der Nähe sein.

Die Stadt war eher ein Dorf, und es gab in dem Dorf nichts zu sehen. Das hieß, dass es auch keine Touristen gab. Außerdem lag es am Rande der endlosen Wüste. Kein besonders anziehender Ort. Aber er hatte Wasser, das Wichtigste überhaupt. Die Stadt, die eher ein Dorf war, war wie geschaffen für ihn. Der Hügel schützte sein Boot vor den Stürmen, und in seltenen Momenten spendete er sogar ein wenig Schatten. Sein Zuhause. *Die Hoffnung.*

Mit Kartons vollbepackt kehrte er zurück in seine Einsamkeit voller Gespenster.

Und dann war schon wieder Abend. Er ließ den Füller aus der Hand gleiten und legte sich hin. Er warf einen Blick durch die winzige Öffnung neben seiner Koje. Dann schlief er ein, schnell und schmerzlos. *Zärtlich ist die Nacht.*

Und träumte. *Ein Sommernachtstraum.*

Das hellblaue Schiff auf dem bodenlosen, durchsichtigen Meer. Ruhe herrscht in der Luft. Kinder lachen ununterbrochen. Es ist aber niemand zu sehen. Nirgendwo. Wieder schwebt er oben über dem Schiff, als hätte er Flügel. Er hört Stimmen. Er ruft. Er schreit. Ruhig ist das Meer. Ungetrübt. Nichts kann passieren. Frieden umgibt das Schiff. Auf Deck spazieren Möwen. Sie haben keine Angst. Sie nehmen keine Gefahr wahr. Warum wird er dann vor Panik blind? Er ist kein Beobachter mehr. Er ist ein Teil davon. Die Sonne verdunkelt sich plötzlich, eine Stimme ruft nach Vater, und eine Frauenstimme ruft seinen Namen. Er öffnet den Mund, aber kein Laut kommt heraus. Er fängt an zu weinen. Haltlos.

Die Sonne war schon da, als er die Augen aufmachte, leblos. Oder fand sein Leben nachts statt? *Das Leben ein Traum. Der Traum eines lächerlichen Menschen.* Er war aber nicht lächerlich! Er versuchte lediglich krampfhaft, nicht wahnsinnig zu werden. *Mensch und Übermensch.* Er musste verstehen. *Die Blumen des Bösen.* Vielleicht auch nicht. Vielleicht war es tatsächlich nur ein Unfall gewesen. Ein Motorschaden in gefährlichen Gewässern. Vielleicht. *Der Sturm.* Vielleicht.

Er schwang die Beine aus dem schmalen Bett und ließ sie baumeln, den Kopf auch. Die Bewegung erinnerte ihn an seine Kinder, an die Schaukel vor dem Haus. *Glückliche Tage.* Das Lachen. *Sehr blaue Augen.* Haare, blass wie Stroh und weich wie Daunen. Er fuhr durch ihre Dichte mit den Fingern, und seine Brust tat weh. *Die toten Seelen.* Wenn er sie nur tatsächlich kaufen könnte! Zurückkaufen könnte! *Die Auferstehung.*

Er sprang von seiner Liege und trank die gute Ziegenmilch. Dann setzte er sich an den Tisch vor den Stapel Papier und suchte sich ein leeres Blatt aus. Er öffnete den Füller und fing an zu schreiben. *Die Unbesiegten.*

Allmählich verstand er, was die Träume und das Schreiben bedeuten sollten. *Orkus. Reise zu den Toten. Die Fahrt zum Leuchtturm.* Genau. Das waren sie. Sie sollten ihn führen, ihm den Weg zeigen.

Fleißig schrieb er. Er wusste, dass die Worte nicht seine Worte waren. *Stimmen der Stille.* Diese Worte waren blau und schmeckten nach Salz. Er kannte sie nicht, aber er war bereit, sie kennenzulernen. *Erste Liebe.* Mit ihnen zu wachsen. *Lerne lachen ohne zu weinen.* Er hatte alle Zeit der Welt.

Er lebte auf einem Boot im Meer aus Sand. *Wind, Sand und Sterne.* Nach denen bewegte er sich, ohne seine Position um einen einzigen Millimeter zu verändern. *Die enge Pforte.*

Er sah sie noch nicht, aber sie war da. Er legte den Füller ab, streckte seinen Arm aus. *Seltsames Zwischenspiel.* Das war es. Sein Dasein, bevor er die Wahrheit entdecken würde. *In der Dämmerung.* Er betrachtete seine Finger, sie waren nicht besonders sauber. Tintenflecken vermischten sich mit winzigen Sandkörnchen. *So lebt der Mensch.* Er stand auf und suchte eine Weile nach dem Buch. Er fand es im dritten Karton zwischen dem *Bericht eines Schiffbrüchigen* und *Harte Zeiten.* Er blätterte kurz darin, ließ es dann aber gelangweilt auf die anderen Bücher fallen. Er wollte nicht so leben. Nur vorübergehend. *Hundert Jahre Einsamkeit.* Hoffentlich nicht. Er setzte sich wieder und schrieb diesmal ohne Pause bis zum Sonnenuntergang. Dann legte er sich hin, ohne sich von der Sonne verabschiedet zu haben, und schlief gleich ein. *Auf der Suche nach der verlorenen Zeit.*

Und träumte. *Schall und Wahn.*

Er steht vor einem Spiegel. Darin sieht er eine ölige Meeresoberfläche und ein Schiff. Es herrscht Totenstille. Der Himmel ist hellgrau. Nichts bewegt sich. Das Lachen und die fröhlichen Stimmen sind verschwunden. Er tritt näher an den Spiegel heran. Er drückt seine Nase an ihm platt. Nichts. Keine Menschenseele. Plötzlich springt ihm ein entsetztes Gesicht entgegen. Es ist verschwommen, er kann trotzdem ein kindliches Antlitz erkennen. Es schreit ihn tonlos an, der Mund mit Wasser gefüllt, und er kann winzige Fische darin schwimmen sehen. Das Gesicht kommt immer näher. Ihre Nasen berühren sich an einem einzigen Punkt. Er spürt die Nässe. Er sieht ihm direkt in die Augen. Himmelblau. Und endlos tief. Er kann den Meeresboden in ihnen erspähen. Dann erscheinen noch zwei andere Gesichter, die ihn anflehen und aus denen Wasser sprüht. Er bemüht sich zu verstehen, was sie ihm sagen wollen. Er bekommt Kopfschmerzen vor Anstrengung. Plötzlich färbt sich das Spiegelbild rot: das Meer, die Gesichter, das

Schiff, der Himmel, die Münder, die Fische. Alles wird rot. Und die Erkenntnis trifft ihn wie ein Vorschlaghammer. Er erkennt die mit Entsetzen erfüllten Augen seiner Söhne. Sie kämpfen um ihr Leben, rufen nach ihm und verschwinden schließlich. Am Meeresgrund liegt ein Körper, entkleidet und weißlich in der Röte des Wassers. Er weiß gleich, wer das ist. In dem Moment, als der Körper sich sachte bewegt und ihn anlächelt, weiß er, dass es ein Traum ist. Er berührt die Spiegeloberfläche, die sich wie ein Schutzschild zwischen ihn und den Albtraum stellt, und fühlt einen Schmerz, den er wach hätte nie aushalten können. Der Spiegel zerspringt. Die Glasstückchen fliegen ihm ins Gesicht. Die Wassermasse, die aus dem Rahmen herausquillt, zieht ihn mit sich, wirft ihn auf den Boden, dringt in ihn ein und füllt ihn vollständig aus, spielt mit ihm wie eine Riesenwelle mit einem kleinen Fischerboot. Und diese erschrockenen Gesichter voller zappelnder Fische, diese Augenhöhlen, die tiefer als das Meer selbst sind, dieser ausgelöschte Körper, der sich vom Meeresgrund erhebt, um ihn zu begrüßen, sie alle strömen unaufhaltsam in ihn hinein, durch die Ohren, die Nase, den Mund, sie durchbohren seine Haut, die dünner ist als Zeichenpapier, nisten sich in seinen Blutadern ein, vereinnahmen seine Atemzüge und seine Herzschläge für sich, beanspruchen seinen Blick, seine Hände, seine gefangen gehaltenen Worte ... Er lächelt und verschwindet im salzigen Schaum.

Der schwarze Spiegel. Die Sonne streichelte ihn wach. Seine Tränen liefen wie das Wasser aus den verrosteten Rohren eines Hochhauses. Er lebte. Er hatte es gesehen. Und überlebt. Sie bewohnten ihn jetzt, und so war die Entscheidung von alleine gefallen. Er konnte sie kein zweites Mal verlieren. Er weinte unbekümmert. Eine Klarheit erleuchtete ihn stärker als die Sonne. *Schuld und Sühne.*

Er blieb lange so liegen, bis die Ruhe in ihn zurückkehrte. Die Hitze tat ihm gut. Er dachte an die Kinder unsichtbarer Mütter in dem kleinen Ort, an ihre langen weißen Hemden, ihre dunklen Gesichter, die ihn manchmal verstohlen anlächelten.

Irgendwann stand er dann doch auf, trank seine Milch, setzte sich an den Tisch vor den hohen Papierstapel, öffnete den Füller und schrieb den letzten Satz. *Ende gut, alles gut.* Als wäre er der erste.

Er legte den Kopf auf die getrockneten Zeilen und atmete.

Rafik Schami
Das Fremde und das Eigene

Wie Herr Moritz die Welt bereiste

*Bevor wir die Reise um die Welt beginnen,
sollten wir die Reise um uns selbst beendigen.*

Denis Diderot (1713–1784),
französischer Schriftsteller und Philosoph

Siebzehn Jahre lang hatte Herr Moritz das Dorf, in dem er wohnte, ertragen. Niedorf war eines jener vielen schlauchförmigen pfälzischen Dörfer mit einer Durchfahrtsstraße, die oft entweder Haupt- oder Kaiserstraße hieß. Diese Straße führte von Mainz nach Rheinhessen, schlängelte sich durch die Hügellandschaft um den Donnersberg, passierte viele Orte im Saarland und verlief schließlich in Frankreich fast parallel zur Nationalstraße 3 durch Verdun, Metz und die Champagne bis nach Paris. Gebaut hatte sie Napoleon I., als es für ihn um eine Strategie der Eroberung und effektiven Kontrolle Europas ging.

Herr Moritz wohnte mit seiner Frau Mathilde in einem Haus mit großem Garten in einer Siedlung, die an der nördlichen Einfahrt der Kaiserstraße in den Sechzigerjahren entstanden war. Er war bis zu seiner Pensionierung Buchhalter in einer großen Baufirma im Industriegebiet der Stadt Bonladen gewesen, die etwa vier Kilometer nördlich von seinem Wohnort lag. Eine Landstraße führte von Niedorf über eine Ringstraße direkt zum Industriegebiet im Norden der Kreisstadt. Das soll deshalb erwähnt werden, weil Herr Moritz bis zu seiner Pensionierung nie zu Fuß von Niedorf nach Bonladen gegangen war.

Seine Frau arbeitete als Apothekerin im Kreiskrankenhaus. Und obwohl sie einen Führerschein besaß, wollte sie nie Auto fahren. Sie nahm zur Verwunderung ihrer

Nachbarn täglich den Bus, der nicht einmal zehn Meter von ihrer Haustür entfernt hielt und sie fünfzehn Minuten später an der Haltestelle am Kreiskrankenhaus absetzte.

Die Nachbarn besuchten sie selten, denn Mathilde und Herr Moritz waren Fremde, und fremd blieb man in jenem Dorf bis zur dritten Generation. Da die beiden keine Kinder hatten, sahen sie ihre Chancen, dort heimisch zu werden, eher nüchtern, aber das war den beiden ehemaligen Kölnern, auch das muss man erzählen, ziemlich gleichgültig.

Nur die Haushälterin Katharina kam täglich und kümmerte sich um das Haus. Sie putzte, bügelte und kaufte für die Familie ein. Der Einkaufszettel lag immer auf dem Küchentisch, versehen mit einem freundlichen Gruß an sie.

Was die zwei Kölner in dieses Dorf verschlagen hat, ist schnell erzählt. Mathilde hatte das Anwesen von einer entfernten Tante geerbt, der sie nur einmal in ihrem Leben begegnet war. Als sie aber das Haus mit dem gepflegten Garten, dem Teich und dem winzigen Pavillon gesehen hatte, da war es sofort um sie geschehen. Was den Umzug erleichterte, war die Tatsache, dass sie beide ohne große Mühe einen Job in der Gegend fanden. Wie in Köln arbeitete Herr Moritz in der Buchhaltung und Mathilde im Krankenhaus. Beide waren in der Stadt groß geworden, hatten immer dort gelebt, wie ihre Eltern und Großeltern auch. Sie kannten das Landleben nur aus Heimatfilmen und dachten, ein wenig Ruhe, die Blumen und der Gemüsegarten wären bestimmt gesund. Später soll der friedliche Herr Moritz einmal gerufen haben, man müsse die Regisseure der kitschigen Heimatfilme in einem Schweinestall festbinden und ihnen sieben Jahre lang rund um die Uhr ihre Filme vorführen, bis sie nur noch grunzten.

Nein, in diesem Zuckerrübendorf gab es nicht einmal richtige Bürgersteige, die man andernorts gegen sieben

Uhr abends hochzuziehen pflegte. Lediglich die Kaiserstraße war zu beiden Seiten von einem dreißig Zentimeter breiten und zehn Zentimeter hohen Streifen gesäumt. Die Kanten aber hatte man abgerundet, damit die Autos bei Bedarf problemlos darüberfahren konnten. Herr Moritz hatte immer den Eindruck, die Bürgersteige seien absichtlich so schmal ausgefallen. So waren die Menschen nie gezwungen, einander zu begegnen. Die Leute wechselten die Straßenseite, sobald sie in der Ferne einen Fußgänger auf sich zukommen sahen. Sie grinsten einander aus sicherer Distanz an und murmelten irgendetwas vor sich hin, das sie manchmal selbst nicht verstanden.

Nein, das Dorf blieb den beiden fremd, aber sie liebten das Haus und verbrachten jede freie Minute darin. Und so merkwürdig es sein mochte, sie unternahmen nie eine Reise.

In Wahrheit wollte Herr Moritz schon gerne reisen, aber Mathilde fand das sehr anstrengend, lieber erholte sie sich im Garten, las viel, schlief sich aus und hatte Zeit zum Nachdenken. Eines Tages erzählte sie ihren Kollegen im Krankenhaus davon. »Nachdenken?«, rief der Stationsarzt Meier schockiert. »In meiner Freizeit will ich nicht nachdenken.«

Für Herrn Moritz war jeder Ort ohne Mathilde eine Wüste. Und er mochte Wüsten nicht. Also verbrachten sie gemeinsam ihren Urlaub daheim. Sie genossen einander, lasen, dachten nach, hörten viel Musik, spielten bis nach Mitternacht leidenschaftlich Karten oder schauten Filme an, die sie für solche Gelegenheiten vorsorglich aufgezeichnet hatten. Beide liebten die Klassiker, die im Fernsehen immer zu unsozialen Zeiten ausgestrahlt wurden.

Herr Moritz vermisste weder die Nachbarn noch die Exotik ferner Länder. Er liebte Mathilde, und sie war eine weite Welt.

Am 1. Juni 2010 starb Mathilde plötzlich an einem Herzinfarkt, Herr Moritz litt sehr. Er verfluchte den Tod, diesen »hinterhältigen Verräter«, wie er ihn nannte, der seine und Mathildes Pläne durchkreuzt hatte. Es passierte wenige Wochen, bevor sie beide in Rente gehen sollten, und sie hatten ein Heft mit all ihren Träumen vollgeschrieben, die sie nun realisieren wollten.

Außer Herrn Moritz, der Haushälterin Katharina und deren Mann Paul gingen nur fünf, sechs Nachbarn hinter dem Sarg her zum Friedhof, und sie hatten Mitleid mit dem grauhaarigen Herrn Moritz, der wie ein Kind weinte, hemmungslos und laut.

Zum ersten Mal in seinem Leben fühlte Herr Moritz sich einsam. Zum ersten Mal wünschte er sich, er wäre in Köln geblieben. Dort lebten ein paar Freunde von ihm, mit denen er sich oft in der Kneipe getroffen hatte. Aber auch wenn keiner kam, war die Einsamkeit in der Stadt nicht so bitter, denn wenigstens der Lärm der Straßen besucht die Einsamen. Auf dem Land aber war es, vor allem in der Nacht und an Feiertagen, absolut still. Und in dieser Stille war die Einsamkeit geradezu hörbar.

Seit Mathildes Tod war alles so anders. Herr Moritz musste nun allein aufstehen, allein kochen, allein essen und allein ins Bett gehen. Aber das war noch nicht das Schlimmste, viel schlimmer eben war die absolute Stille, die im Haus herrschte. Mathilde hatte das Haus mit ihrem Lachen, Singen, Pfeifen erfüllt, und wenn eine Ecke leer blieb, dann füllte sie die schnell mit ihren Worten, denn Mathilde erzählte gerne, und sie hatte in Herrn Moritz einen dankbaren Zuhörer.

Um die Stille zu besiegen, machte Herr Moritz in allen Zimmern laut Musik an, so laut, dass die Nachbarn nebenan und gegenüber erst den Kopf schüttelten und dann bei ihm klingelten.

»Es ist zu laut«, sagten sie.

»Hier drinnen ist es zu ruhig«, antwortete er und knallte die Tür zu. Mit der Zeit aber merkte er, dass der Lärm seine Einsamkeit zwar bekannt machte, aber nicht vertrieb. Er verzichtete von nun an auf die Musik, und die Nachbarn atmeten erleichtert auf.

Am 1. Juni 2011, dem ersten Todestag seiner Mathilde, besuchte Herr Moritz ihr Grab. Er erzählte ihr viel, weinte und lachte, und am Ende flüsterte er ihr zu, dass er beschlossen habe, dem Dorf zu entfliehen. Er wollte um die Welt reisen. Und als hätte er ihre Stimme gehört, flüsterte er: »Klar, ich schreibe alles auf, dann kann ich es dir besser erzählen.«

Am nächsten Tag wollte er erst einmal die Umgebung erkunden. Diese Erkundung sollte das Leben des einsamen Herrn Moritz radikal verändern.

Er kaufte ein schönes Heft und schrieb mit schöner Schrift auf die erste Seite: Bericht über meine Reisen.

Darunter schrieb er: Für Mathilde.

An diesem ersten Reisetag notierte Herr Moritz morgens in sein Heft: Donnerstag, der 2. Juni 2011, sonnig, 15 °C (um sieben Uhr). Erste Wanderung von Niedorf nach Bonladen.

Als die Haushälterin kam, sah sie das aufgeschlagene Heft. Sie war von Natur aus eigentlich nicht neugierig, aber der Titel sprang ihr ins Auge. Sie freute sich sehr für Herrn Moritz. Und nach getaner Arbeit stellte sie ihm einen schönen Strauß Blumen auf den Küchentisch. Sie dachte, er würde sich bestimmt freuen, wenn er abends nach Hause kam.

Das Heft blieb von nun an in der Küche, jeden Morgen trug er, ganz der routinierte Buchhalter, Tag und Datum, Reiseziel, Uhrzeit und Temperatur ein, und nach seiner Rückkehr beschrieb er in wenigen Worten und sachlich seine Reise. Er war sich sicher, Mathilde würde, was er tat, gutheißen.

An diesem 2. Juni also ging er um acht Uhr dreißig in der Früh aus dem Haus. Nach ein paar Schritten war er auf dem Wanderweg, der erst durch einen kleinen Wald führte und sich dann in malerischer Hügellandschaft fortsetzte. Zur rechten Hand lagen akkurat bepflanzte Weinberge, und links senkte sich ein Tal in die Landschaft, mit einem Bach, der sich schon seit ewigen Zeiten zwischen Pappeln, Eichen, Kastanien und Weiden hindurchschlängelte. Welch wunderbare Abwechslung für die Augen! Seinen Wohnort Niedorf umgaben nur langweilige Zuckerrübenfelder, ohne einen Baum oder Busch. Wie herrlich war da dieser kleine Mischwald, in dem die Luft so harzig duftete, und erst recht die Weinberge! Herr Moritz atmete tief ein, die Luft roch nach Erde und Weinblättern. Auf einer Bank machte er eine Pause, lauschte dem lauten Gesang der Vögel, der hier von viel mehr Leben zeugte als im Dorf. Später, nach seiner Rückkehr, notierte er: »Wie im Paradies bei dir.«

Er entdeckte einen Trampelpfad, der zu einem der ehemaligen Weinberghäuschen führte, und da er interessiert war und keine Eile hatte, wanderte er den Weg hinauf. Das malerisch gelegene Häuschen war verwahrlost. Mit seinen Mauern aus rötlichem, geschliffenem Sandstein, dem Ziegeldach, den beiden Bogenfenstern und der fast orientalisch anmutenden Tür hatte es vor langer Zeit einmal bestimmt sehr prachtvoll ausgesehen. Es gab viele dieser Häuschen oben auf den Hügeln in Richtung Norden – gerade so, als wären sie Wachtürme einer unsichtbaren Mauer.

Vor dem Haus stehend ließ er seinen Blick über das Tal und die weite Ebene bis hinein ins Saarland schweifen. Im

Häuschen aber stank es fürchterlich nach verdorbenen Lebensmitteln und Urin.

Herr Moritz setzte seinen Weg fort. Zum ersten Mal betrat er Bonladen von Süden kommend. Hier führte der Wanderweg über eine breite asphaltierte Straße, vorbei an langweiligen Supermärkten, Autowerkstätten und einem umzäunten Dauerparkplatz für Wohnwagen. Auch zwei merkwürdig heruntergekommene graue Häuser, die er nie gesehen hatte, standen da, als wären sie geradewegs aus den Vierzigerjahren angeflogen gekommen und hätten hier einen Landeplatz gefunden. In diesen Breitengraden, dachte Herr Moritz, liegt die Verwahrlosung selten an der Armut, viel häufiger ist sie in der Unlust am Leben begründet.

Bald entdeckte er das *Venezia*, ein italienisches Café. Durstig, wie er war, eilte er dorthin. Er suchte sich einen schattigen Platz unter dem Sonnenschirm, denn die Sonne brannte inzwischen kräftig.

Bei Francesco, dem grauhaarigen Wirt, bestellte Herr Moritz kaltes Mineralwasser und einen Espresso. Als der Wirt mit seinem Tablett zurückkehrte, musterte er ihn lächelnd. »Sie sind zum ersten Mal da«, sagte er und versetzte Herrn Moritz in Staunen.

»Das stimmt, aber wie können Sie das wissen?«

»Ich habe ein gutes Gedächtnis«, sagte der Italiener in perfektem Deutsch, wenn auch mit kleinem Akzent, und Herr Moritz verstand ihn besser als seine ehemaligen Kollegen mit ihrem Pfälzisch. Er hatte manchmal den Eindruck gehabt, als hätten sie extrabreit »gepfälzert«, wenn sie mit ihm sprachen, um ihm zu zeigen, dass er ein Fremder war. Dialekte trennen. Sie sind Nationalismus in Miniformat.

Zu dieser Vormittagsstunde war nicht viel los, und so unterhielten sich die zwei Herren über die malerische Landschaft und was ihr fehlte.

»Ich sage Ihnen, das ist die deutsche Toskana, die Einzigen, die das nicht wissen, sind die Pfälzer. Auf jeden zweiten Hügel gehört eine kleine Bar mit Getränken und Speisen. Sie werden sehen, wie gerne die Leute dann dahin wandern werden.«

Herr Moritz nickte zustimmend. Und er sah die Hügelkuppen schon vor sich, wie sie nachts von den kleinen Lokalen beleuchtet wurden.

Er verbrachte den ganzen Tag in der Stadt. Zum ersten Mal sah er sich richtig um. Die Stadt gefiel ihm, und als er Hunger verspürte, ging er zu Francesco zurück und ließ sich einen erfrischenden Salat mit Brot und Oliven servieren.

Im Licht der milden Spätnachmittagssonne und mit einer leichten Brise aus dem Norden kehrte er nach Hause zurück. Er freute sich über den Blumenstrauß und schrieb in sein Heft, man müsse Francesco den Auftrag geben, aus den pfälzischen Hügeln eine Toskana zu machen.

Er war sich sicher, Mathilde wäre begeistert.

Nicht so der Bürgermeister. Er winkte ab und schüttelte verärgert den Kopf, das sah Herr Moritz am Telefon zwar nicht, aber er spürte den Ärger des Mannes, der ihm heiß ins Ohr triefte.

»Als hätte ich ihm vorgeschlagen, ein Bordell aufzumachen«, sagte er ein paar Tage später zu Francesco.

Der lachte. »Vielleicht würde er bei einem Puff zustimmen«, meinte er.

Aber beide irrten sich gewaltig. Der Bürgermeister war aus einem anderen Grund verärgert. Er hatte nämlich unterhalb der Weinberge zwei große Felder erworben, mit dem Vorhaben, dort Putenzucht im großen Stil zu betreiben. Die Weinbauern protestierten, sammelten Unterschriften und reichten den Protest bei der Kreisstadt ein. Die Behörden machten dem Bürgermeister Auflagen, die das ganze Unternehmen zum Scheitern brachten. Und nun blieb der Bürgermeister auf den teuer erworbenen Grundstücken sitzen. Herr Moritz hatte von der ganzen Auseinandersetzung nichts gewusst, aber seine Anregung einer »Pfälzischen Toskana« war der Tropfen gewesen, der das Fass für den Bürgermeister zum Überlaufen gebracht hatte.

Gegen Ende Juni kannte Herr Moritz alle Weinberge und ihre kleinen Häuser. Er lernte allmählich, sich für die Wanderungen besser auszurüsten. Er nahm belegte Brote, Wasser, Äpfel und Bananen mit, und immer wieder endete seine Reise bei Francesco.

Eines Tages hatte er zwar viel eingepackt, aber nur wenig gegessen. Als er am Ende der Wanderung die Stadt erreichte, ging eine Frau an ihm vorbei, die mit großem Appetit einen Döner aß. So wie er damals in der Schule immer die Brote der anderen besser fand als seine eigenen, so hatte er jetzt plötzlich Heißhunger auf Döner. Er kaufte sich einen. Aber er genierte sich, mit dem prall gefüllten Brot zu Francesco zu gehen. Er setzte sich auf eine schattige Bank gegenüber den zwei heruntergekommenen Häusern und aß. Herr Moritz musste bald zu seiner Enttäuschung wieder feststellen: Döner duften besser, als sie schmecken. Zu diesem Ergebnis war er vor zehn Jahren schon einmal in Köln gekommen. Er nahm seine Proviantdose aus dem Rucksack und öffnete sie. Ein kleines Knäckebrot mit Butter und Käse lächelte ihn an. Er nahm es heraus und stellte die Dose neben sich auf die Bank. Er biss in das Brot und spürte den nussigen Geschmack vom Emmentaler im Gaumen.

Herr Moritz beobachtete das Treiben in und vor den zwei merkwürdigen Gebäuden. Von Francesco hatte er vor ein paar Tagen erfahren, dass darin ein Asylantenheim untergebracht war. »Eine UNO der armen Teufel. Männer und Frauen aus dreißig Ländern«, hatte dieser erzählt.

Herr Moritz hatte gerade sein Knäckebrot aufgegessen, als ihn ein großer Schwarzer mit grauen Schläfen auf Englisch fragte, ob der Platz neben ihm frei sei.

Herr Moritz sprach gut Englisch. Das war bis zum Abitur sein Lieblingsfach gewesen. Danach hatte er eine Banklehre gemacht und drei Jahre in einer Bank gearbeitet, und noch bevor er Mathilde kennengelernt hatte, war er für ein Jahr nach London gegangen, um als »Financial Accountant« bei einem britischen Pharmakonzern zu arbeiten.

Er nahm die Dose auf den Schoß. Als sich der Fremde hinsetzte, bot ihm Herr Moritz ein belegtes Brot an. Dieser zierte sich etwas, nahm aber dann das Angebot dankbar an.

»It tastes very good«, sagte er schließlich, als er den letzten Bissen gegessen hatte, und so bot ihm Herr Moritz auch noch einen Apfel an. »Haben Sie auch einen für sich selbst?«, fragte der Mann vorsichtig.

»Ich habe sogar noch zwei«, erwiderte Herr Moritz und lachte.

»Sie sind sehr freundlich«, sagte der Mann und streckte ihm die Hand entgegen. »Mein Name ist John Ozokwo, und ich komme aus Nigeria, genauer gesagt aus der Stadt Enugu, mein Volk, die Igbo, zählt dreißig Millionen«, sagte er.

»Und ich heiße ganz einfach Moritz, und ich bin hier auch fremd. Ich stamme aus Köln, aber ich lebe seit über siebzehn Jahren hier«, erwiderte Herr Moritz. Er verschwieg seinem afrikanischen Bekannten, dass er eigentlich Rudolph-Wilhelm Moritz hieß, aber seit seiner Kindheit mochte er den Doppelnamen nicht, den ihm seine Eltern zugemutet hatten.

Sie unterhielten sich lange, und als Herr Moritz Lust auf einen Cappuccino bekam, fragte er John, ob er mit ihm zu Francesco gehen wolle. »Gerne«, sagte dieser, »aber drei Euro für einen Cappuccino habe ich leider nicht.«

»Das überlassen Sie ruhig mir. Ich möchte Ihre Geschichte zu Ende hören«, erwiderte Herr Moritz und fasste John am Arm. »Sie sind mein Gast.«

Und sie erhoben sich und machten sich auf den Weg. John erzählte von seinem Leben, von einem Putsch und einem Gegenputsch in seinem Land im Jahr 1966 und dem darauffolgenden Pogrom gegen sein Volk, das friedlich im Südosten des Landes lebte. Und das alles, weil ein Putschist dem Volk der Igbo angehörte. Binnen weniger Monate waren über dreißigtausend Zivilisten barbarisch umgebracht worden. Einige Offiziere hatten, ermuntert und finanziert von Ölfirmen, die Unabhängigkeit der Region erklärt und sie »Republik Biafra« genannt. Aber die Region war viel zu reich an Erdöl und anderen Bodenschätzen, und deshalb führte die Zentralregierung Nigerias, unterstützt von anderen Ölfirmen, drei Jahre lang einen erbarmungslosen Krieg gegen Biafra, bis die Separatisten im Jahre 1970 flüchteten und das Volk der Igbo dem gnadenlosen, korrupten Sieger überließen. Johns Mutter verhungerte während der langen Belagerung im Winter 1969. Sein Vater überlebte den Krieg, starb jedoch ein Jahr später völlig verbittert. John war damals zwanzig Jahre alt gewesen. »Ich habe mir einen bescheidenen Traum erlaubt«, erzählte er, und seine Stimme wurde brüchig. »Ich wollte immer Lehrer in einer Grundschule sein, doch das war unmöglich. Wir schluckten die Niederlage, aber die Unterdrückung blieb vierzig Jahre lang unverändert. Bald steckte mich die Regierung für fünf Jahre ins Gefängnis, weil ich einen Artikel gegen die Korruption geschrieben und in einer Zeitung veröffentlicht hatte. Dabei hatte ich noch Glück. Unter dem Diktator Abacha wurden viele friedliche Oppositionelle umgebracht. Der berühmteste unter ihnen war der Schriftsteller und Menschenrechtler Ken Saro-Wiwa.«

John erzählte viel, und Francesco brachte ihre Bestellungen, zwei Cappuccini und zwei Mozzarella-Brote, lautlos und unauffällig.

»Du bist der Erste, der meiner Geschichte aufmerksam zuhört«, sagte John, als sie Francescos Café wieder verließen.

»Na ja, ich habe Übung. Meine Mathilde erzählte gerne, und ich merkte nicht, wie die Zeit verflog. Bei dir ist es genauso.«

Beim Abschied hielt John Herrn Moritz' Hand fest. »Willst du mich nicht besuchen? In meinem Zimmer ist ein Bett frei. Mein Zimmergenosse liebt eine Frau in einem Dorf in der Nähe und lebt praktisch bei ihr.«

Herr Moritz dachte nicht lange nach. »In einer Stunde bin ich bei dir. Ich muss ein paar Sachen regeln, dann komme ich.«

»Das wird mich sehr freuen«, sagte John. »Ich kann auch gut kochen«, fügte er hinzu.

Herr Moritz ging nach Hause, packte einen Koffer mit Wäsche, nahm aus der Schublade fünfhundert Euro und schrieb Katharina, bevor er das Haus verließ, einen Zettel: »Ich fahre in den Urlaub nach Nigeria. Im Umschlag ist Ihr Lohn für den Monat, grüßen Sie Ihren Mann und passen Sie bitte auf die Rosen auf. Mathilde hat sie immer geliebt.«

Er fuhr mit dem Wagen und war schneller, als er dachte, auf dem großen Parkplatz vor dem Asylantenheim.

Zwei Wochen später kehrte er nach Niedorf zurück. Das Haus glänzte, und der Garten glühte in Farben schöner denn je. Er rief Katharina an und bedankte sich bei ihr. Der Briefberg auf dem Tisch im Wohnzimmer bestand, wie sich erweisen sollte, zu achtzig Prozent aus Müll, zu zehn Prozent aus Rechnungen und amtlichen Schreiben, und der Rest waren Briefe und Todesanzeigen.

Er erzählte sowohl Katharina als auch Mathilde davon, wie gut es ihm in Nigeria ergangen war, Katharina am Telefon und Mathilde am Grab.

Die Nachbarin von gegenüber, die mit großer Freude täglich den schmalen Bürgersteig fegte, fragte ihn über die Straße hinweg, wo er gewesen sei. Auch seine Nachbarn rechts und links von ihm erkundigten sich in fast vorwurfsvollem Ton: »Wo waren Sie die ganze Zeit?«

Herr Moritz staunte über diese merkwürdigen Nachbarn, die seine Abwesenheit bemerkten, seine Anwesenheit dagegen nicht.

»In Nigeria«, antwortete er, »genauer gesagt, in Enugu am Fuße der Udi Hills, einer Hügellandschaft mit Felsen«, und Herr Moritz erzählte seinen Nachbarn von den leckeren nigerianischen Gerichten, ob mit Erdnüssen, Huhn, Fisch oder Gemüse. »Vor allem, wie John, der beste Koch dort, den Reis zubereitet! Das ist märchenhaft«, schwärmte er. Die Nachbarn staunten nicht wenig darüber, wie viele Details dieser Mann nach nur zwei Wochen Urlaub über Nigeria wusste. Wenn sie selbst in Ägypten, der Türkei oder der Dominikanischen Republik gewesen waren, dann hatten sie vielleicht die Pyramiden, Tempel und Basare gesehen, aber eigentlich kannten sie nur den Swimmingpool ihres Hotels. Und dieser unscheinbare Witwer behauptete sogar, Nigeria beherberge zweihundertfünfzig Völker. »Das gibt es nicht«, sagte die Nachbarin von gegenüber. Als Herr Moritz aber berichtete, in Nigeria würden fünfhundert Sprachen und Dialekte gesprochen, weswegen man sich von Amts wegen auf Englisch verständigte, da lachten die Nachbarn. »Man kann auch übertreiben, wir kommen mit einer Sprache kaum zurande«, sagte der Nachbar zur Rechten, dessen Namen Herr Moritz nie erfahren hatte.

Aber dann erzählte Herr Moritz, die Stadt Enugu habe mehr Fußballer von Weltrang hervorgebracht als die ganze

Pfalz. Da waren alle beleidigt. Seine Nachbarn hätten nichts dagegen gehabt, wenn diese Stadt, deren Name schwer zu behalten war, mehr Musiker oder Schriftsteller, Erfinder oder Päpste hervorgebracht hätte – aber mehr Fußballer von Weltrang als die ganze Pfalz!

Sie wollten nichts mehr davon hören.

Es blieb nur Katharina, die ihm gebannt lauschte. Er erzählte ihr ein wenig von der Geschichte der Region und von der Entscheidung, die die Separatisten 1967 getroffen hatten, nämlich als Nationalhymne ihrer Republik Biafra, die nur drei Jahre existierte, die Finlandia des finnischen Komponisten Jean Sibelius zu wählen.

Als Katharina zu Hause davon erzählte, schaute ihre Nichte Sonja im Internet nach und bestätigte, dass das tatsächlich stimmte. Und am selben Abend in der Dorfkneipe erzählte Sonjas Freund ungläubig seinen Freunden davon. Das kleine Gespräch hüpfte von Mund zu Mund und veränderte sich mit jedem Sprung, sodass es am Ende hieß: Herr Moritz hätte gesagt, jedes kleine Dorf in Nigeria habe mehr Fußballer hervorgebracht als die Pfalz, und Nigeria sei eine finnische Kolonie gewesen.

Man war sich nun im Dorf sicher, dass Herr Moritz aus lauter Trauer um seine Frau den Verstand verloren hätte. Es hieß sogar, er wäre des Nachts an ihrem Grab gesichtet worden. Herrn Moritz interessierte das wenig. Er lud John zu sich ein und verwöhnte ihn. Und von da an trafen sich die zwei fast täglich.

Eines Morgens fand Katharina erneut ihr Monatsgehalt in einem Umschlag und eine kurze Notiz: »Ich fahre für zwei Wochen in den Urlaub zu meinem Freund Ali nach Persien.« Und Herr Moritz kehrte gesund und glücklich zurück und erzählte von der hohen Kunst der Iraner, Teppiche zu weben und Miniaturen zu malen. Er schwärmte von den feinen iranischen Freunden, die in zwei Wochen viel mehr gelacht hätten als Niedorf in einem Jahr. »Und ich weiß auch, warum«, sagte er stolz den Nachbarn, die sich auf dem Parkplatz vor dem Haus um ihn scharten. »Weil wir hier unser ganzes Lachen in zwei Wochen des Jahres verbrauchen, auf der Kirchweih oder Kerwe, wie ihr sagt, und in der Fastnacht. Die Iraner aber, ein uraltes Kulturvolk, verteilen ihr Lachen sehr geübt auf alle zweiundfünfzig Wochen des Jahres, deshalb können sie leichter lachen, obwohl sie es schwerer haben als wir.«

Im August und September fuhr Herr Moritz nach Syrien, nach China und nach Algerien.

Immer mehr Fremde besuchten ihn, feierten und übernachteten bei ihm. Man hörte sie lachen. Man sah sie im Garten grillen und tanzen. Eines Tages alarmierte ein Nachbar die Polizei, weil er bei diesem Lärm angeblich nicht schlafen könne, und es sei doch bereits fünf nach zehn. Zwei Polizisten machten sich auf den Weg. Sie wunderten sich allerdings, dass vom Lärm überhaupt nichts zu hören war. Sie klingelten dennoch, und Herr Moritz lud sie ein mitzufeiern. »Unsere chinesische Freundin Bo hat heute Geburtstag. Sie hat noch nie Geburtstag gefeiert. Wollen Sie nicht hereinkommen? Sie wird sich freuen.«

»Nein, vielen Dank«, sagte der etwas ältere dickliche Polizist. Er grüßte Francesco, der auch mitfeierte und ihm winkte. Der Polizist war Italienfan und trank des Öfteren einen Espresso im *Venezia*. Von seinem Streifenwagen aus rief er den Petzer an. »Sie müssen Ihr Ohr an die Tür geklebt haben, wenn Sie Lärm gehört haben wollen. In dieser Haltung kann man schlecht einschlafen, das glaube ich gern. Seien Sie beim nächsten Mal vorsichtig.«

Im Herbst bereiste Herr Moritz Afghanistan, Tschetschenien, die Westsahara und Mali. Er fand es irrsinnig spannend, den Menschen zuzuhören, wie sie von den Orten ihrer Jugend schwärmten, ja manchmal mit Tränen in den Augen von ihren wenigen Freuden in einer schweren Kindheit berichteten. Er aß mit ihnen und half, wo er nur konnte. Hin und wieder tadelte ihn sein Freund John, dass er zu viel für das gemeinsame Kochen spendiere, aber für Herrn Moritz war das alles nicht der Rede wert.

Später erzählte Katharina, die Katastrophe, die sich im Dezember ereignete, habe ihren Anfang bereits in den ersten Oktobertagen genommen. John, Herrn Moritz' bester Freund, und weitere zehn Bewohner des Asylantenheims wurden ausgewiesen, nachdem ihr Asylantrag endgültig abgelehnt worden war. Angeblich bestand in ihrer Heimat keine Gefahr für ihr Leben. Im Niedorfer Fußballverein brachte man belustigt ein Gerücht in Umlauf, Herr Moritz hätte einen Antrag auf Adoption seines Freundes John gestellt.

»Ein älteres Adoptivkind gibt es in der Pfalz nicht«, witzelte der Bürgermeister, und alle grölten vor Lachen. Mitte Oktober kam der zweite Schock, erst als Gerücht, dann als kalte, nackte Gewissheit. Die beiden grauen Häuser lagen so zentral, dass der Boden, auf dem sie standen, als Baugrund sehr begehrt war. Deshalb wurden die Asylanten in Schiffscontainer umgesiedelt. Herr Moritz besuchte sie dort, aber er fühlte sich nicht wohl. Sie durften auch nicht mehr ohne Antrag zu ihm kommen, da Niedorf außerhalb ihres neuen Asylbezirks lag. Es drohte Bußgeld und sogar Gefängnis, und bei Wiederholung verschlechterte »die Straftat« ihre Asylchancen. Aus den Augen derer, die er dort traf, sprach die Angst.

Er kehrte nach Hause zurück und weinte bitterlich vor Mitleid und Scham. Katharina hatte Sorge, denn Herr Moritz bekam Fieber. Er wollte aber nicht zum Arzt gehen.

Eines kalten Morgens im November hatte sich Katharina vorgenommen, ihm zu sagen, dass sie sich um ihn sorge, denn er aß wenig, war nur noch ein Schatten seiner selbst. Sie wollte ihn bitten, auf sich zu achten. Sie würde auch gerne für ihn kochen. Und sie wollte ihm zu guter Letzt sagen, dass ihr Mann und sie sich freuen würden, wenn er zu ihnen zum Essen käme.

Eine schwere Stille lastete auf dem Haus. Sie rief nach ihm, aber Herr Moritz war nicht da. Wieder fand sie einen Umschlag mit zwei Monatsgehältern, und auf einem Zettel daneben stand: »Ich bin in der Toskana.«

Erleichtert atmete sie auf. Zum ersten Mal seit vierzig Jahren betete Katharina wieder. Sie wusste nicht einmal mehr, wie man betet, und so sprach sie ihre Bitten unbeholfen und unterwürfig, und ihr ganzer Wunsch war, dass dem lieben Herrn Moritz nichts passieren solle. Draußen regnete es, und der Donner rollte seine Felsen über den grauen, blechernen Himmel. Katharina zuckte zusammen.

Drei Tage später fand ihn ein Bauer im dritten Weinberghäuschen. Die ersten beiden hatte er penibel gesäubert vorgefunden. An der Mauer hatte er jeweils ein Schild entdeckt. »Toskana I« und »Toskana II« hatte darauf gestanden – und die Bitte, das Haus sauber wieder zu verlassen. Im dritten Häuschen hatte sich Herr Moritz niedergelegt und mit Zeitungen und alten, zerrissenen Kleidern zugedeckt. Sein Werkzeugkasten und die Farbdosen lagen neben ihm.

Man rief den Rettungsdienst.

Auf der Bahre kam er zu sich. »Wo fahren wir hin?«, fragte er verwirrt.

»Nach Honolulu«, flüsterte der Sanitäter. Er kannte Herrn Moritz, denn er stammte aus Niedorf. Der zweite Sanitäter verdrehte die Augen und warf ihm einen vernichtenden Blick zu.

»Honolulu. Das ist gut. Dort ist es immer warm«, flüsterte Herr Moritz erleichtert hinten im Rettungswagen und schlief ein. Die Sanitäter konnten ihn nicht hören.

Zwei Reisen

*Was wunderst du dich, dass deine Reisen
dir nichts nützen, da du dich selbst mit herumschleppst?*
Sokrates (470–399 v. Chr.),
mutiger griechischer Philosoph

Frank Thalheimer war fertig mit der Welt, als er in Udine das Fenster zur Straße aufstieß, um etwas frische Luft in die nach Mottenkugeln riechende Wohnung zu lassen. Ihm gegenüber auf der schmalen Via Mercerie, die an dieser Stelle nicht einmal fünf Meter breit war, öffnete eine Frau fast zur selben Zeit die Fensterläden. Sie schaute ihn schüchtern an, lächelte und sagte: »Buon giorno.«

Er erwiderte den Gruß, ohne die Frau genau anzusehen, und warf einen Blick auf die Straße. Die Via Mercerie lag im Zentrum der Altstadt. Zu dieser Nachmittagsstunde war es draußen sehr ruhig.

Frank Thalheimer, ein Professor für Geschichte aus München, hatte sich zufällig für Udine entschieden. Er wollte nur weg von zu Hause sein. Das war sein wahres Reiseziel. Er kannte Udine nicht und hatte keinen besonderen Grund gehabt, die Stadt auszuwählen, aber er hatte Gründe genug, München so schnell wie möglich hinter sich zu lassen.

Doris, seine Frau, die er liebte und achtete, der er bis in die intimsten Gedanken hinein treu war, obwohl er ständig mit attraktiven Frauen in Berührung kam, hatte ihn betrogen. Diese Frau, mit der er ein Leben geführt hatte, wie es in einem Zukunftsroman vorkommen könnte, ein Leben, in dem jedwede Benachteiligung von Frauen verboten sein würde, hatte ihn drei Jahre lang vor aller Welt mit einem dieser tätowierten Hohlköpfe aus dem Fitnessstudio lächerlich gemacht.

Was seine Würde aber am tiefsten verletzt und ihn beschämt hatte, war die Tatsache, dass er nie irgendetwas geahnt oder gemerkt hatte. Wie blöd musste er gewesen sein!

Und wenn er ehrlich mit sich selbst war, dann hatten ihn auch ihre harten Worte in der letzten Nacht vor der endgültigen Trennung schwer getroffen. Ja, ihr junger Freund Denis sei vielleicht von schlichter Natur, aber im Bett sei er ein Stier, ein unersättlicher, der sie das Liebesspiel siebenmal die Woche genießen lasse. Er, Frank, dagegen hätte seine Skripten mit ins Bett gebracht. Sicher, sie war fünfzehn Jahre jünger als er, aber das war sie doch immer gewesen! Die Welt um ihn herum wurde dunkel. Das war seine dritte gescheiterte Ehe und die zehnte Beziehung, in der eine Frau ihn verließ. Er war nie derjenige, der ging.

Sein Freund, ein Psychoanalytiker, machte ihn gar verantwortlich für das Scheitern der Ehe mit Doris. Er habe sie mit seinem Wissen und seinem Professorengehabe erdrückt, und nun wolle sie sich verwirklichen, und deshalb wähle sie nicht zufällig einen zehn Jahre jüngeren Dummkopf. Der stehe ein paar Stufen unter ihr, während sie gegenüber Frank keine Chance gehabt habe, sich zu behaupten. Wo immer sie aufgetreten seien, habe sie klein und unsicher in seinem Schatten gestanden. Und dass sie ihn in der Öffentlichkeit gedemütigt habe, sei nur eine berechtigte Rache für all die stillen Demütigungen gewesen, die er, Frank, ihr zugefügt habe.

Psychologen leben davon, uns und unsere Eltern für alles verantwortlich zu machen, was andere uns antun, dachte Frank.

Nun war er über fünfzig! Was sollte er unternehmen, um endlich eine Partnerin zu finden, mit der er alt werden konnte? Als er am Abend in seiner Küche die Rotweinflasche entkorkte, musste er lachen. Es war ein edler

Tropfen, ein Barolo aus dem Piemont. »Italien und nicht so ein Psychokram ist die Lösung«, sagte er laut. Ja, natürlich. Er liebte Italien seit seiner Kindheit, aber für eine Flucht aus allem, was ihn bedrückte, war das Land zu nah. Eher hatte er an Chile, an die USA oder an Südafrika gedacht, weit weg also. Rom war seine zweite Heimat. Sein Vater war dort fünf Jahre lang Diplomat gewesen, Frank hatte als Schüler Italienisch und Deutsch gelernt. Beide Sprachen waren ihm vertraut. Und Frank war dem Land immer treu geblieben. Seine Doktorarbeit hatte den Aufstieg Venedigs zur See- und Großmacht zum Thema gehabt. Das Stipendium war großzügig ausgefallen, und so hatte er vergnügt ein Jahr lang in einer schönen Wohnung in Venedig gelebt – zusammen mit seiner schwedischen Freundin Matilda Berglund. Sie war groß, blond und hübsch, und sie war sich dessen bewusst gewesen. Viele italienische Männer schwirrten um sie herum. Sie alle wollten Marcello Mastroianni sein und das Dolce Vita mit ihr auskosten. Sie aber blieb ihm treu. Zu seinem Pech allerdings wollte sie nicht mit nach Deutschland kommen, und um ihm die Trennung von ihr zu erleichtern, wie er selbstironisch erzählte, hatte sie kurz vor Ablauf des Jahres in Venedig eine heiße Affäre mit einem dreißig Jahre älteren reichen Mexikaner und war mit ihm ohne Abschied verschwunden. Es war kein Betrug gewesen, sondern eher ein Befreiungsschlag. Erst Jahre später bekam er einen Brief von ihr. Er warf ihn ungelesen in den Müll.

Frank hatte sich das kommende Wintersemester für die Forschung freigenommen. Es gab sogar noch die Option, ein zweites Semester dranzuhängen. Er war sehr begehrt und hatte der Universität München bereits etliche internationale Preise und Auszeichnungen für seine Arbeit als Historiker eingebracht. Der Dekan gönnte ihm eine Zeit des Forschens und der Erholung. Er wusste von der privaten Katastrophe mit Doris. Alle wussten es.

Mitte Juli, kurz vor dem Ende des Sommersemesters, nahm er eine große Italienkarte und betrachtete sie lange. Viele der Städte hatte er mit Doris, der Betrügerin, bereits besucht, Venedig, Florenz, Grado, Turin, Mailand, Bologna, Triest, Napoli, Salerno und Capri, und mit seinen Eltern war er fast jedes Jahr in Kalabrien und Sizilien gewesen. Sein Vater liebte den Süden, seine Mutter hatte oft gescherzt, ihr Mann habe den falschen Pass und Beruf. Er habe sizilianisches Blut in den Adern, und mit seiner verschwiegenen Geheimnistuerei sei er der typische Kalabrese. Er wäre besser ein erstklassiger Mafiaboss geworden als ein mittelmäßiger Diplomat.

Udine sprang Frank ins Auge. Der Name war ihm geläufig. Immer wieder hatte er ihn auf den Autobahnschildern gesehen, wenn er früher für seine Recherchen über Venedigs Geschichte auf dem Weg zur Lagunenstadt war, oder auch später, als er mit Doris in seinem Wagen von München nach Triest, Grado oder Venedig gefahren war. Aber sie hatten nie in der Stadt haltgemacht.

Er besorgte sich einen Reiseführer über die Region und fing an zu lesen. Die Stadt war interessant für ihn. Sie lag im Schatten von Grado, Triest und Venedig und war nicht gerade attraktiv für Touristen. Hier konnte er inkognito leben. Über eine Internetvermittlung fand er erstaunlich schnell eine günstige Wohnung, und als er sie sah, war er positiv überrascht. Einzig die frische Luft fehlte ihr, da sie schon lange leer gestanden hatte. Der Vermieter, ein wohlhabender Goldschmied, freute sich, dass der Deutsche die Wohnung gleich für ein halbes Jahr mietete.

Frank wollte über sich nachdenken, wollte genau wissen, was eigentlich mit ihm los war. Manchmal, in seinen einsamen Nächten, dachte er, Historiker seien vielleicht nicht für die Gegenwart geschaffen, aber dann fand er den Gedanken infantil. Warum sollte ein Metzger, ein Elektriker oder ein Lehrer die Gegenwart besser bewältigen als er?

Hier in der Fremde wollte er sich mit sich selbst beschäftigen und seine Seele reinigen. Was machte ihn so anziehend für viele attraktive und umworbene Frauen, und warum verließen sie ihn dann? Doris hatte ihn gedemütigt. Zwei Frauen hatten ihn nach kurzen heimlichen Affären mit anderen Männern verlassen. Alle anderen waren einfach auf leisen Sohlen davongegangen. Manche sagten kein Sterbenswort, andere waren so mutig und ehrlich und verabschiedeten sich wenigstens von ihm. Eine sagte, die Chemie stimme nicht, die Nächste behauptete, er sei zu sexsüchtig, wieder andere weinten beim Abschied, als würde sie jemand zwingen, ihn zu verlassen. Nicht selten waren die Frauen auch lange danach noch allein. Sie nahmen also lieber die Einsamkeit in Kauf, als an seiner Seite zu leben. Warum? Was war so schrecklich an ihm? Oder war das alles Zufall? Traf er immer auf die falschen Frauen?

Er packte seinen Koffer aus, richtete sich ein und schlenderte durch die Straßen. Zu später Stunde aß er in der *Osteria alle Volte*. Das Restaurant lag in der Via Mercatovecchio, nicht weit von der Wohnung. Es sollte für die kommenden Monate sein Stammlokal werden.

Am nächsten Morgen suchte er den Supermarkt ganz in der Nähe auf, und als er eintrat, erblickte er gleich die Frau, die ihm gegenüber wohnte. Sie war um die dreißig und, wie er jetzt sah, eine südländische Schönheit. Er grüßte sie.

»Haben Sie sich schon eingerichtet?«, fragte sie freundlich, als sie ihn erkannt hatte.

»Ja, aber es fehlt noch an Lebensmitteln«, sagte er und trat einen Schritt auf sie zu, als ein Kunde mit seinem Einkaufswagen passieren wollte. Sie duftete nach Lavendel.

»Dann sind Sie hier genau richtig, und sollten Sie etwas nicht finden, sagen Sie mir Bescheid. Ich kann es Ihnen besorgen.«

Er lachte. »Dann werde ich bestimmt jeden Tag etwas nicht finden«, sagte er.

»Sie sind sehr charmant, Signore«, sagte sie und hielt kurz inne. »Sie sprechen fantastisch Italienisch. Sie sind aber kein Italiener, oder?«

»Nein, ich bin ein Barbar aus dem Norden, ein Deutscher«, scherzte er.

»Sagen Sie das nicht, die Deutschen sind sehr fein und …«, sie zögerte, »korrekt. Aber wie kommt es, dass Sie so gut Italienisch sprechen? Ich habe alle Sprachkurse abgebrochen. Englisch ging nicht, Französisch auch nicht. Mit dem Deutschkurs habe ich nach einer Woche aufgehört.«

»Ich habe meine Kindheit in Rom verbracht.«

»Ach so! Na ja, Kinder lernen am schnellsten. Und jetzt machen Sie Ferien?«

»Nein, ich bleibe länger als sechs Monate Ihr Kunde. Ich bin Lehrer und habe ein Jahr Urlaub.«

»Dann seien Sie willkommen! Entschuldigung, ich muss leider weiterarbeiten«, sagte die Frau dann, lachte und wandte sich einer Verkäuferin zu, die nach ihr gerufen hatte. Auf diese Weise erfuhr er, dass ihr Name Sara war. Er kaufte alles, was sein Haushalt brauchte. Die Frische von Obst und Gemüse faszinierte ihn in Italien jedes Mal aufs Neue, auch wenn der Viktualienmarkt in München den Vergleich nicht fürchten musste. Abgesehen von den Preisen.

Der Anfang war nicht schlecht, dachte Frank auf dem Weg zurück in die Wohnung. Sie machte den Eindruck, als lebte sie alleine. Er wollte keine Liebesaffäre, aber ein wenig Erotik befreit das Hirn. Lehrer bin ich auch, und ich muss sie nicht mit meinem Professorentitel verängstigen, überlegte er, während er Zucker, Milch, Salz und Toilettenpapier in der Wohnung verstaute. Er kochte den ersten Espresso und war zufrieden mit sich.

Nach ein paar Tagen hatte er sich an das Leben in Italien angepasst. Mittags legte er sich zu einer Siesta hin. Er schrieb in ein Heft: Eine Siesta reinigt die Augen und lässt die zweite Hälfte des Tages zu einem neuen, frischen Tag werden.

Er bedrängte Signora Sara nicht, aber er zeigte ihr stets Interesse und Aufmerksamkeit. Auch sie schien ihm zugeneigt zu sein. Nach einer Woche lud er sie zum Essen ein, und sie freute sich darüber. So einfach war das!

Abends trat sie elegant angezogen aus dem Haus. Sie sah aus wie eine Filmdiva. Ein dünnes weißes Kleid betonte ihre dunkle Haut und brachte ihren vollkommen geformten Körper zur Geltung.

Sie plauderten angeregt miteinander und schlenderten nach dem Essen durch die Straßen. Die Nacht war warm, und die Lokale hatten lange offen.

Beim Abschied küsste er sie auf den Mund. Sie schmeckte nach Schokolade. Ihre Arme fühlten sich weich und glatt wie Samt an. Viel angenehmer als die von Doris. Bevor er schlafen ging, schrieb er: Ab heute kein Vergleich mehr mit irgendeiner Verflossenen! Lebe in der Gegenwart, damit du eine Zukunft hast! »Verflossenen« und »Zukunft« unterstrich er mehrmals.

Eine Woche später lud sie ihn zum Essen ein, diesmal bei sich zu Hause. Ihre Wohnung war geräumig und geschmackvoll eingerichtet. Alt und Neu harmonierten miteinander. Sie hatte die Wohnung, wie sie erzählte, von ihren Eltern geerbt. An einem traurigen Tag vor drei Jahren waren diese zusammen mit ihrem Mann Mateo gestorben. Es war an einem Samstag gewesen. Sie arbeitete noch im Supermarkt. Mateo hatte frei. Er war Bankangestellter. Er wollte mit ihren Eltern eine kranke Cousine in Palmanova besuchen, nicht einmal dreißig Kilometer entfernt. Auf dem Rückweg verunglückten sie mit dem Auto. Alle drei waren auf der Stelle tot.

Sie gab ihre Wohnung auf und zog in die Wohnung ihrer Eltern. »Hier waren die Erinnerungen weniger bedrohlich«, sagte sie.

Frank war der erste Mann, mit dem sie seit Mateos Tod ins Bett ging, und sie fühlte sich ein wenig gehemmt. Er wiederum fühlte dadurch seine Sexualität und Lust angestachelt. Er war geübt und charmant genug und genoss das Liebesspiel mit ihr in vollen Zügen. Sie weinte vor Glück.

Von nun an waren sie unzertrennlich. Sie arbeitete. Er dachte nach, schrieb alles in sein Heft, das er mit »Seelenwerkstatt I« betitelte. Er las Unterhaltungs- und Liebesromane, für die er früher nie Zeit gehabt hatte, und abends erlebte er mit Sara das Paradies der Sinnlichkeit.

Sie zeigte ihm einige interessante, teils verborgene Plätze und Bauten in Udine, den mächtigen Dom, das Castello auf dem Hügel über der Stadt, die Loggia del Lionello, ein Meisterwerk der venezianischen Spätgotik. Sie kannte sich gut aus, denn sie hatte nach ihrem Abitur eine Zeit lang als Touristenführerin gearbeitet, war aber bald mangels Touristen entlassen worden.

Sara spürte, dass er sehr tief verletzt war, auch wenn er ihr nur wenig von seiner letzten Trennung erzählt hatte. Sie spürte sein Misstrauen gegenüber jedem Mann, der sie freundlich begrüßte, und er konnte sich nie verkneifen zu fragen, ob sie mit ihm eine Beziehung gehabt habe. Er fragte sehr höflich, aber seine Verunsicherung war nicht zu übersehen. Sie empfand große Wärme für ihn und verließ sich darauf, dass ihre Liebe und Zärtlichkeit ihn beruhigen würden. Und sie behielt recht, von Woche zu Woche erholte er sich mehr. Er wurde entspannter, lachte wieder, sogar über sich.

Mit den Fahrrädern machten sie Ausflüge in die Umgebung von Udine, und er merkte, wie gelassen sie war. Er bemühte sich gleich einem braven Schüler, wie Sara das Leben positiv zu sehen und immer zuerst das Schöne an den Dingen zu bemerken und danach vielleicht das Hässliche zu registrieren. Das war nicht leicht für ihn. Er hielt seinen misstrauischen Blick für kritisch rational und merkte erst jetzt, mit dreiundfünfzig Jahren, dass er ein Nörgler war, dessen Dauerkritik schlechten Einfluss auf seine Laune und seine Lust hatte. Sie dagegen nahm mit unschuldigen Augen alles in sich auf. Sie lobte und genoss die Freude der anderen an ihrem Lob. Sie war es, die ihn lehrte, dass ein Lächeln nichts kostet und anderen viel geben kann.

Erst mit ihr lernte er, auf einer Bank zu sitzen und in aller Öffentlichkeit ein Eis zu schlecken. »Seit dreiundvierzig Jahren habe ich das nicht mehr gemacht«, schrieb er in sein Heft.

Er wollte anfangs nur ihren Körper genießen und sich darüber hinaus über seine guten wie schlechten Eigenschaften klar werden. Aber Sara gab ihm nicht nur ihren Körper. Sie brachte ihm still und leise bei, unaufgeregt, ja fast gelassen zu leben.

Er war zwar nach Udine geflüchtet, aber die Wunden reisten mit. Wenn er in Rage geriet, wenn er abfällig wurde, blieb sie ruhig. Sie lächelte ihn an und streichelte seine Hand. Manchmal hatte sie Tränen in den Augen, aber sie sagte nie auch nur ein böses Wort, und er schämte sich hinterher und bat sie um Verzeihung. Sie hatte eine weise Seele. Sie verzieh immer und erinnerte ihn nicht ein einziges Mal an einen seiner Fehler, und deren gab es am Anfang viele. Als er sie einmal wegschickte, ging sie, aber sie lächelte ihn an, als er eine Stunde später vor ihrer Tür stand. »Du kommst genau richtig. Ich habe gerade Espresso gekocht«, sagte sie und küsste ihn. Er weinte fast vor Rührung.

Sie zeigte ihm die »Grotta nuova di Villanova«, eine der schönsten Höhlen Europas. Eine Stunde lang vergaß Frank die Welt. Hand in Hand mit Sara ließ er sich von den verschiedenen Tropfsteinhöhlen und dem unterirdischen Wildbach faszinieren. In der Nacht schrieb er: »In der Tiefe fühlte ich mich jung, und ich hielt Saras Hand fest. Ich glaube, ich habe mich in sie verliebt.«

Aber das behielt er für sich. Auch der Ausflug zu dem malerisch an einem Hang gelegenen Bergdorf Topolò, etwa eine halbe Stunde Autofahrt entfernt, tat ihm gut. Sara trug Bluejeans und eine weiße Bluse unter einer roten Weste. Sie hatte ihre Haare zu einem Pferdeschwanz zusammengebunden und kam ihm vor wie eine zwanzigjährige Studentin.

Als sie am Abend zurückkehrten, übernachtete er bei ihr, und sie eröffnete ihm in der Nacht, dass sie ihn sehr liebe und dass sie sehr glücklich mit ihm sei. Er erzählte ihr, dass er sehr verletzt sei und Zeit brauche, da er in seinem Leben von zehn Frauen verlassen worden war. Er wunderte sich über seine Offenheit, aber er wusste, dass er sie bremsen musste. Aus Angst vor einer erneuten Niederlage wollte er sich nicht überstürzt einer neuen Liebe hingeben. Darin lag sein Problem. Alle Frauen waren zu schnell in sein Leben gekommen und hatten verhindert, dass er nachdenken konnte. Er flüchtete zu ihnen, um die vorangegangene Enttäuschung zu vergessen, statt deren Ursache zu verstehen. Dieses Mal wolle er sich mutig Klarheit über sich selbst verschaffen. Sara hörte ihm gut zu. Sie verstehe nicht, sagte sie, wie jemand, der einen gesunden

Verstand besitze, so einen feinen Menschen wie ihn verlassen könne.

Er fand sie kultivierter als alle Frauen, denen er je begegnet war. Auch das war neu für ihn. Während seiner Kindheit in Rom war er von allen Erfahrungen mit normalen Italienern abgeschottet gewesen. Er hatte in den elitären Diplomatenkreisen seiner Eltern gelebt, umgeben von Bediensteten und wohlwollenden Untertanen.

Auch in Venedig hatte er immer nur mit Akademikern und reichen Liebhabern der Lagunenstadt zu tun gehabt. Die Venezianer selbst hatte er nie kennengelernt. Hier aber, mit Sara, erlebte er, wie die große Weltkultur eines Imperium Romanum auch tausend Jahre später weiterwirkte. Nicht nur Sara, auch der Straßenkehrer, Signore Massimiliano, sang bei seiner Arbeit und machte sich lustig über sich und die Welt. Er erinnerte ihn mit seinem Humor, seiner Philosophie und vor allem mit seinem Selbstbewusstsein an Chaplins Tramp und an Alexis Sorbas. Und Frank fragte sich, warum er in Deutschland nie solche von Natur aus weisen Menschen traf.

Sara las wenig, aber sie kannte unendlich viele Filme. Er selbst war bislang kein Cineast gewesen. Mit ihr und an ihrer Seite lernte er diese wunderbare Kunst schätzen. Sie zelebrierte ihre gemeinsamen Filmabende regelrecht. Sie bot ihm zehn, zwanzig DVDs zur Auswahl, richtete einen kleinen Tisch mit Leckereien und gutem Rotwein und kuschelte sich an ihn. Es war der Himmel auf Erden.

Im Herbst reiste er mit ihr ans Meer. Sie war keine große Schwimmerin, aber eine leidenschaftliche Spaziergängerin. Sara erzählte ihm von ihrer Kindheit, von ihren Träumen, die nach und nach gestorben waren.

Und bei einem dieser Spaziergänge an einem stürmischen Tag Ende November fand er endlich den Mut, ihr seine Liebe zu gestehen. Er hatte inzwischen das zweite

Heft, »Seelenwerkstatt II«, mit Gedanken, Notizen, Selbstkritik und wundersamen Erlebnissen bei seinen Ausflügen mit Sara vollgeschrieben. Das Resultat fasste er in einem Satz auf der letzten Seite zusammen, den er mit großen, fetten Buchstaben schrieb: *Mut zum Leben*. Sie war überglücklich. Sie hatte seit Monaten gespürt, dass er sie liebte, aber sie wollte es von ihm hören, ohne ihn mit der berühmten Frage zu erpressen: »Liebst du mich?«

Das dritte Heft betitelte er mit: »Zeit der Liebe«. Darunter schrieb er: Sara ist meine Rettung.

Zwei weitere Monate im Glück vergingen wie ein Wimpernschlag. Ende Januar musste er nach München zurückkehren. Die Vorlesungen am historischen Seminar sollten im April anfangen. Aber er wollte sich gut vorbereiten.

Sara schien dies nicht zu beunruhigen. »Ich weiß, dass du mich liebst, und wir werden für immer zusammenbleiben«, sagte sie. Er war sehr bewegt.

Zurück in München, wunderten sich seine Freunde und Kollegen, wie lebendig er war. »Cherchez la femme«, sagte er und meinte Sara. Täglich telefonierten sie lange miteinander, und er fühlte eine eigenartige Sehnsucht nach ihr. Er bedrängte sie, ihre Stelle zu kündigen und zu ihm nach München zu ziehen. »Die Wohnung in Udine kannst du vermieten«, schlug er vor.

Sie war gerührt, aber es ging ihr zu schnell. Sie verschwieg ihren Vorbehalt. Anfang Mai nahm sie zwei Wochen Urlaub. Sie setzte sich ins Auto und fuhr Richtung München. Im Kofferraum hatte sie all die Leckereien mitgebracht, die er mochte: Artischockenherzen, bestes Olivenöl aus Kampanien, Panforte aus Siena und Amaretti. Ein Karton mit seinem Lieblingswein, einem Cabernet Sauvignon aus dem Friaul, sollte das Ganze abrunden.

Sie fuhr schnell und stand nach viereinhalb Stunden vor

seiner Tür. Sie fand ihn noch schöner, noch männlicher, als sie ihn in Erinnerung hatte. Und war angenehm überrascht, als er ihr, nach dem stürmischen Liebesspiel, sagte, dass er einen Tisch in einem feinen italienischen Restaurant reserviert hatte. Sara war beeindruckt. Es war ihr erster Besuch in Deutschland. Wie sauber die Straßen, wie neu alle Autos und wie höflich und leise die Leute waren. Sie biss sich auf die Zunge, um nicht dauernd in Lobeshymnen auszubrechen, weil sie merkte, dass es Frank verlegen machte. Seltsam fand sie das. Wenn sich jemand lobend über Udine äußerte, so freute sie sich doch. Aber er freute sich nicht, wenn sie München oder die Deutschen lobte. Er wiegte vielmehr skeptisch den Kopf.

Nach der Rückkehr aus dem Restaurant küsste und liebkoste er sie. Sie war todmüde, aber aus Höflichkeit ließ sie es geschehen.

Und kurz bevor sie einschlief, wollte er ihr etwas Wichtiges sagen. Hoffentlich keine Affäre in den vergangenen Wochen, dachte sie und sah ihn besorgt an. Er stotterte herum und gestand schließlich, dass er kein Lehrer, sondern Professor an der Universität sei. Sie musste an sich halten, um nicht vor Lachen zu explodieren.

»Was ist dabei? Das ist doch schön. Für mich bist du der wunderbare, sehr männliche Liebhaber Frank«, sagte sie, gab ihm einen kleinen zärtlichen Klaps auf den Bauch und ein Küsschen auf die Nase. »Und nackt sehen alle Männer gleich aus«, sagte sie und gähnte herzhaft.

Er war enttäuscht, aber er wusste nicht, warum. Sara schien ein ungemein starkes Selbstbewusstsein zu haben und den Unterschied zwischen Lehrern und Universitätsprofessoren nicht einmal zur Kenntnis zu nehmen.

»Es fehlt noch, dass sie sagt, es sei ihr egal«, murmelte er im Badezimmer vor sich hin, und in diesem Moment fiel ihm auf, dass Sara keine Anstalten gemacht hatte, ihre

Zähne zu putzen. Er wollte sie noch darauf ansprechen, aber sie schlief bereits.

Er schüttelte den Kopf.

Am nächsten Tag musste er früh aufstehen. Er schlich sich aus dem Bett, schrieb ihr einen Gruß auf einen Zettel und eilte zur Universität.

Er machte Augen, als er aus dem Hörsaal kam und seine Sekretärin ihn verlegen anlächelte. »Ihre Freundin wartet in Ihrem Büro. Leider kann ich kein Italienisch«, sagte sie.

Er war wütend, dass Sara ohne Ankündigung gekommen war, aber er biss die Zähne zusammen und lächelte, als er sein Büro betrat. Sie hatte am Fenster gestanden und drehte sich jetzt erfreut um. »Frank, amore, amore mio«, rief sie viel zu laut.

»Hast du gut geschlafen?«, fragte er, weil er nicht wusste, was er sonst fragen sollte.

»Ja, aber die Wohnung ist langweilig ohne dich. Wann bist du hier fertig?«

Oh Gott, dachte er. Aber er beruhigte sich schnell. Sie konnte keine Ahnung vom universitären Betrieb haben.

»Ich habe noch ein Seminar am Nachmittag, dann eine Sitzung im Dekanat. Ich glaube, es wird spät. Aber wir können«, er schaute kurz auf seine Armbanduhr, »in einer halben Stunde zusammen essen gehen«, sagte er, um sie zu trösten.

Im Restaurant wollte sie nichts Deutsches probieren. Sie wollte lieber eine Pizza, aber das Lokal hatte keine Pizza auf der Karte.

»Spaghetti Carbonara, Spaghetti Bolognese, Spaghetti arrabbiata«, sagte der Ober.

»Arrabbiata per favore«, antwortete Sara.

Ein Kollege von Frank hatte bereits gegessen und war am Gehen, als er Frank sah.

»Störe ich?«, fragte er höflich.

»Nein, nein«, erwiderte Frank. Er mochte den Kollegen und war mit ihm gemeinsam bemüht, das Dekanat von einem langfristigen Forschungsprojekt zu überzeugen.

Erst jetzt bemerkte der Kollege Sara und streckte ihr die Hand entgegen. »Gerhard Müller. Ich bin ein Kollege von Frank.«

Sara drückte die Hand, aber sie verstand nur ansatzweise, was der Mann sagte.

»Und sie heißt Sara und leitet einen Supermarkt in Udine«, sagte Frank und war sogleich in ein Gespräch mit seinem Kollegen vertieft.

Als sie zu Ende gegessen hatten, gab Frank Sara die Hand und fragte, ob sie alleine nach Hause finden würde.

»Ja, ich glaube schon. Ich habe die Adresse aufgeschrieben«, erwiderte sie und wollte ihn wie immer zum Abschied küssen, aber er wich zurück und eilte winkend mit seinem Kollegen davon. Vielleicht küsst man sich in Deutschland auf der Straße nicht, dachte Sara verwundert, aber drei Meter weiter küssten sich zwei ältere Menschen an einer Bushaltestelle. Und die jungen Leute küssten sich andauernd, wie in Italien.

Merkwürdig. Warum wollte Frank nicht, dass sie ihn küsste?, fragte sie sich und fand keine Antwort.

Abends kam er nach Hause, müde und enttäuscht von der Sitzung. Er stank nach Bier, mit dem er seine Enttäuschung hinuntergespült hatte. Er lallte irgendetwas über seine vergebliche Mühe, Bürokraten für die Forschung zu interessieren. Sie nahm ihn in den Arm, streichelte sein Gesicht, küsste ihn, aber er war am ganzen Körper steif, nur nicht zwischen den Beinen. Er schlief bald ein. Sie lag lange wach. Er kam ihr so verschlossen vor wie eine Burg, und sie kam sich vor wie ein kleines Mädchen, das barfuß vor dem Tor stand und klopfte, um den Burgherrn an eine schöne Zeit in Udine zu erinnern. Sie fror im Bett wie schon lange nicht mehr.

Am nächsten Tag, es war ein Samstag, war Frank zu einer Geburtstagsparty bei einer Kollegin eingeladen. Er fragte Sara, ob sie mitgehen oder lieber ihre Ruhe haben wolle. Er habe ein paar DVDs für sie gekauft. Sie könne italienische Filme anschauen. Sie entschied sich mitzugehen, obwohl sie am liebsten mit Frank allein sein wollte. Dieses Angebot aber hatte er ihr nicht gemacht.

Die Party war todlangweilig. Außer Frank konnte niemand Italienisch, und sie konnte den Satz »Ah, bella Italia« bald nicht mehr hören. Darüber hinaus kümmerte sich keiner um sie. Auch Frank nicht. Er lachte und sprach mit allen, nur nicht mit ihr.

Er beobachtete sie aus der Ferne. Sie kam ihm unscheinbar vor. Sie war verschlossen, lachte nicht und sprach mit niemandem. Schlecht gelaunt wanderte sie in der Wohnung umher wie ein Hausdetektiv im Supermarkt und bediente sich noch nicht einmal am kalten Buffet. Sie war völlig fremd und passte nicht in diesen Kreis aus lauter Intellektuellen.

Ein Kollege fragte ironisch, ob Sara Franks Haushälterin sei, ein anderer hielt sie für eine Jagdtrophäe. Frank fühlte sich nicht geschmeichelt.

Eher aus Verlegenheit fragte er sie ab und zu, ob sie etwas trinken oder essen wolle, und verschwand dann wieder. Einer der Männer stellte ihr rücksichtslos nach. Mit einigen wenigen Brocken Italienisch machte er ihr ziemlich aufdringlich den Hof. Sie verstand, dass er mit ihr schlafen wollte, und wandte sich an Frank. Aber es schien ihm nicht viel auszumachen. Er beschwichtigte sie, der Mann sei betrunken und könne keiner Fliege etwas zuleide tun.

Sie fühlte sich so einsam wie schon lange nicht mehr.

Die Stadt war sehr teuer und ihr daher verschlossen, denn so wie in Udine wollte Frank auch hier, dass jeder für seine Ausgaben aufkam.

Frank schien kein Interesse mehr an ihr zu haben. Als sie ihn darauf ansprach, hielt er das für ein Missverständnis. Er habe schon Interesse, aber sie sei zur falschen Zeit gekommen. Er habe viel Stress und könne sich um niemanden kümmern.

»Hast du eine andere?«, fragte sie und fing an zu weinen, weil sie sich schämte. Seit vier Tagen hatte er sie nicht mehr angefasst, sondern nur korrigiert, kritisiert, gemahnt und getadelt, als wäre sie das kleine Mädchen vor dem Tor.

Am zehnten Tag nach ihrer Ankunft packte sie ihren Koffer. Er hatte sie beim Frühstück beleidigt. Sie sei humorlos und unfähig, sich an das Leben hier anzupassen, und sie verhalte sich wie ein störrisches Mädchen. Seine Freunde würden inzwischen über sie lachen.

Sie erwiderte kein Wort. Sie wollte ihm sagen, wie sehr er sie im Stich ließ, aber sie spürte keine Kraft mehr in sich. Die war ihr am Abend zuvor abhandengekommen.

Der gestrige Tag hatte ganz harmlos angefangen. Frank sagte, er habe von ihren Kochkünsten geschwärmt, und deshalb wollten drei Kollegen und der Dekan mit ihren Frauen zum Essen kommen. »Wir zwei dazu, sind insgesamt also zehn.«

Mit diesen Worten drückte er ihr Geld für die Einkäufe in die Hand und wandte sich zum Gehen.

Mühselig kämpfte sie sich durch die Läden und besorgte, was sie brauchte. Am frühen Nachmittag begann sie mit den Vorbereitungen.

Dann kamen die Gäste. Nach der kurzen Begrüßung gab es als Aperitif einen Prosecco, dann servierte sie auf großen Platten die vorbereiteten Antipasti. Schinken und Melonenstücke waren wie Sonnenstrahlen um eine halbe Melone angeordnet. Danach kam der erste Gang: Spaghetti mit Garnelen. Alles war frisch zubereitet. Sie war nur am Rennen und aß selbst in der Küche im Stehen. Der zweite Gang war ein aufwendiges Fleischgericht: Schnitzel mit Zwiebeln, Zucchini und Knoblauch, Oliven und Tomaten. Frank blieb bei seinen Gästen sitzen. Er half ihr nicht. Keiner half ihr. Sie konnte sich kaum ausruhen. Die Leute aßen Unmengen und ungeheuer schnell. Und immer wenn Sara sich an den Tisch setzen wollte, bat Frank sie um Wasser, Wein, Salz oder was sonst fehlte. Sie kam sich vor wie eine Bedienstete. Sie fühlte sich vollkommen erschöpft. Kochen in einer fremden Küche empfand sie als doppelt so anstrengend wie zu Hause. Sie kehrte in die Küche zurück und begann zu weinen. So verspätete sie sich mit dem Nachtisch, und Frank kam in die Küche und fragte, was los sei. Sie sagte ihm, dass sie am Ende ihrer Kräfte war.

»Aber Sara, du kannst mich doch nicht vor meinen Freunden blamieren. Nur noch den Nachtisch, und die Leute sind zufrieden.«

»Ich kann nicht mehr«, brüllte sie ihn an. Er nahm das Tiramisu aus dem Kühlschrank und ging hinaus. Die Stimmen wurden leise. Sie hörte nur noch den Klang der Löffel, wenn sie gegen das Glas der Schälchen stießen. Es war nach Mitternacht, als die Gäste endlich gingen. Sara fühlte sich elend.

Frank sprach kein Wort mit ihr.

Gegen acht Uhr in der Früh war er zur Uni gefahren. Um zehn verließ sie die Wohnung und ging in die Tiefgarage. Sie hinterließ nicht einmal einen Zettel. Ihr Auto stand dort, wo sie es vor einer Woche abgestellt hatte. Es war ihr Rettungsfloß.

Sie hatte noch vier Tage, dachte sie kurz vor Udine, um sich von der Hoffnungslosigkeit dieser Reise zu erholen.

Nachwort des Herausgebers
Fass dich kurz, aber poetisch!

> *Jeder Romancier beginnt als Dichter; wenn er scheitert, versucht er sich an der zweitschwersten Kunst, der Kurzgeschichte; und wenn er da scheitert, schreibt er Romane.*
> William Faulkner,
> Romancier und Nobelpreisträger
> (frei übersetzt aus einem Interview)

Dieses Buch ist keine Anthologie. Nichts gegen Anthologien, ich habe selbst mit Genuss mehr als fünfzehn Sammelwerke herausgegeben. Dem Namen nach ist eine Anthologie eine Sammlung von Blumen oder eine Blütenlese, nach dem Wunsch der Herausgeber heute wie vor Jahrhunderten sollte sie eine Auswahl der besten Texte enthalten.

Nicht immer gelingt das. Aber viele Anthologien bieten gute Unterhaltung. Solch ein Buch eignet sich wunderbar als Urlaubslektüre, es dient auch als Werbung für die Publikationen, in denen die Texte ursprünglich veröffentlicht wurden. All das ist legitim. Aber diese Sammelwerke werden von der Fachwelt kaum beachtet.

Doch nicht deswegen lehne ich die Bezeichnung »Anthologie« für den vorliegenden Band ab. Im Hinblick auf Vorhaben, Vorgehensweise und Resultat ist das hier ein völlig anderes, neues Projekt.

Das Vorhaben: die Würdigung der Kunst der Kurzgeschichte nicht durch theoretische Abhandlungen und Predigten, sondern durch die Schönheit und Überzeugungskraft dieser Kunst.

Die Vorgehensweise: Der Herausgeber gewinnt einen Verleger für das Vorhaben, und erst dann sucht er – nein, nicht Texte, sondern Autorinnen und Autoren, mit denen er gerne zusammenarbeitet. Es soll eine Reihe werden mit so vielen Bänden wie Teilnehmern, was darin begründet ist, dass jede Autorin, jeder Autor einen Themenvorschlag unterbreitet, und alle Mitglieder des Autorenteams nehmen sich dann die Zeit und schreiben Kurzgeschichten um und über dieses Thema.

DAS RESULTAT: ein Buch, das konzentriert und unterhaltsam mit verschiedenen Stimmen um ein Thema kreist. Dies soll ausschließlich in Kurzgeschichten geschehen, die aus verschiedenen Blickwinkeln das Thema beleuchten.

Was aber ist eine Kurzgeschichte?

Die Kurzgeschichte, die ihren Namen keiner neuen Wortschöpfung, sondern einer Lehnübersetzung des englischen Begriffs »Short Story« verdankt, ist eine verhältnismäßig moderne Form der Prosa, die sich zuallererst durch die Kürze des Textes auszeichnet. Eine einheitliche Definition gibt es auch in der Literaturwissenschaft nicht. Stattdessen versucht man oft durch Abgrenzung zu zeigen, was die Kurzgeschichte *nicht* ist. Auch der Versuch, bestimmte Merkmale und Randbedingungen festzuschreiben, scheiterte; so wurde die Regel, dass die Kurzgeschichte immer im Präsens und der ersten Person Singular erzählt wird (E.A. Poe), lange geachtet. Heute pflegt man jedoch eher in der 3. Person zu erzählen, und die übliche Erzählzeit ist das Präteritum. Auch das offene Ende ist nicht mehr verpflichtend.

Sicher gab es Vorläufer für die heutige Form der Kurzgeschichte, u. a. im alten Ägypten, in China, im Europa der Antike und auch in der arabischen Welt: Anekdoten, humoristische Geschichten, häufig Fiktionen, die mit bekannten historischen Persönlichkeiten in Verbindung gebracht wurden, um sie glaubwürdiger zu machen und besser zu verbreiten. Auch zeugen zahlreiche mündlich überlieferte Geschichten davon, dass die »Alten« sehr wohl Kurzgeschichten gekannt und genossen haben. Aber die Kurzgeschichte, wie wir sie heute kennen, ist ein Kind der Printmedien, der Zeitungen und Zeitschriften des 19. Jahrhunderts. Vor allem in Amerika erfreute sich die Kurzgeschichte großer Beliebtheit, da die Autoren damit ein größeres Lesepublikum erreichen, so besser verdienen und ihren Lebensunterhalt bestreiten konnten als durch ihre Bücher.

Edgar Allan Poe, Mark Twain, William Faulkner, Ernest Hemingway und Sinclair Lewis sind bekannte Namen, die mit vielen weniger bekannten Autorinnen und Autoren zur weiteren Entwicklung dieser Kunst beigetragen haben.

In Deutschland genoss die Kurzgeschichte erst Anfang der Fünfzigerjahre einen guten Ruf: Sie sei Zeichen eines Neubeginns nach der Zeit der Nazi-Barbarei. Alfred Andersch sprach von der literarischen »Stunde null«. Die Vorbilder waren Amerikaner, vornehmlich Hemingway, der nicht nur in Deutschland, sondern weltweit nachgeahmt wurde. Thematisch behandelte man die aktuelle Situation des Landes nach dem Zweiten Weltkrieg.

Bis Ende der Sechzigerjahre erlangten mehrere Autorinnen und Autoren deutscher Sprache Bekanntheit, die die Kunst der kurzen Prosa exzellent beherrschten, darunter Wolfgang Borchert, Ilse Aichinger, Heinrich Böll, Wolfdietrich Schnurre, Erwin Strittmatter, Siegfried Lenz, Marie Luise Kaschnitz, Alfred Andersch, Peter Bichsel, Friedrich Dürrenmatt und andere.

Doch schon etwa ab Mitte der Sechzigerjahre schwand das Interesse an Kurzgeschichten wieder. Es ist ein Kuriosum, dass, je hektischer die Zeit, umso beliebter die längeren Geschichten und Romane wurden. Manche sehen die Ursache darin, dass die Kurzgeschichte zu sehr mit dem Elend und dem Wiederaufbau im zerstörten Deutschland verbunden war und dass sie an Boden verlor, je stabiler die Verhältnisse wurden. Das ist möglich, aber meiner Meinung nach liegt die Ursache wie ein Geheimnis im oben angedeuteten Kuriosum verborgen. Je hektischer die Zeit wurde, umso mehr konzentrierten sich die Leser auf *eine* Geschichte für *längere* Zeit und nicht auf *mehrere* Geschichten in *kürzester* Zeit. Denn das verlangte den Lesern weniger Aufmerksamkeit ab. Gerechterweise müsste man hier immer häufiger das Wort »Leserinnen« einsetzen, denn Männer werden im Verlauf dieser Entwicklung immer weniger schöne Literatur lesen. Ohne die Frauen wäre der Buchmarkt schon längst zusammengebrochen. Aber das ist eine andere Geschichte.

Nicht ein einziges Mal habe ich seit Anfang der Siebzigerjahre ein Lächeln auf dem Gesicht eines Verlegers gesichtet, wenn ich ihm Kurzgeschichten, kurze Märchen und Fabeln angeboten habe. »Haben Sie keinen Roman?«, war stets die Antwort nach einer peinlich umständlichen Begründung der Ablehnung.

»Die Deutschen lesen keine Kurzgeschichten«, antwortete manch einer, der sich vom Büchermachen auf die Analyse der deutschen Psyche verlegt hatte.

Die Frage »Wer sagt das denn?« blieb unbeantwortet.

Nein, in vierzig Jahren habe ich keine überzeugende Antwort erhalten. Aber so wie die Trendverläufe für lateinamerikanische, skandinavische oder osteuropäische Literaturen und so wie die Kleidermoden letzten Endes nur eins bewiesen haben, dass Wellen nämlich kommen und gehen, aber nur das Wesentliche, in unserem Fall die gute Literatur, bleibt, so schadete es der Kurzgeschichte auch nicht, dass sie vierzig Jahre wie ein Stiefkind behandelt wurde. Sie ist eine große Kunst, und sie wird es bleiben, ebenso wie die Märchen, die so oft von Psycho-Dilettanten für überflüssig, ja tot erklärt wurden. Es werden heute nach wie vor wunderbare Kurzgeschichten geschrieben. Und für Tschechows *Die Dame mit dem Hündchen* gebe ich gerne zwanzig langweilige Romane her.

Im Herbst 2013 kam für alle Gegner der kurzen Gattung eine böse Überraschung: Alice Munro, die ausschließlich Kurzgeschichten geschrieben hat, wurde der Nobelpreis verliehen. Ich werde den Augenblick auf der Buchmesse in Frankfurt nie vergessen. So viele »Experten« wie lange nicht mehr schimpften auf das Nobelpreiskomitee. Und dieselben Experten, die selbstbewusst Psychoanalyse für die deutschen Leser betrieben hatten, entdeckten nach diesem literarischen Erdbeben plötzlich das Potenzial der Kurzgeschichte.

Meine Idee für dieses Projekt entstand im Winter 2012, und sie reifte bis zum Frühjahr 2013. Ich wollte und will keine weitere Anthologie herausgeben, sondern etwas Neues mit Kolleginnen und Kollegen wagen, die ich wertschätze: Ich will erzählerisch die Kunst der Kurzgeschichte verteidigen.

Ab Sommer 2013 hatte ich mein Konzept ausgearbeitet. Für mich war beschlossen: Es soll, wie bereits oben erwähnt, ein hochwertiges literarisches Experiment werden. Die Zahl der Kolleginnen und Kollegen sollte klein bleiben, damit ich als Herausgeber die anfallende Arbeit bewältigen kann.

Ich habe dann einige Kolleginnen und Kollegen angesprochen. Manche wollten nicht, manche konnten nicht, und manche hätten gewollt und gekonnt, aber nur bei einem großen Verlag.

Franz Hohler war der Erste, der, wie immer, aufmerksam zugehört hat und seine Bereitschaft ausdrückte mitzumachen.

Root Leeb war ebenfalls von Anfang an dabei, Nataša Dragnić war begeistert, und mit Monika Helfer und

Michael Köhlmeier ist die Mannschaft, ist meine Freude komplett. Damit decken wir alle wesentlichen Spielarten der deutschen Literatur ab, und weil ich all diese Autoren gelesen habe, weiß ich, dass wir hier sehr unterschiedliche poetische Stimmen und Klänge an Bord haben.

Es ist, so sehe ich das vor meinem inneren Auge, wenn ich die Texte lese, als säßen wir in einer ruhigen Kneipe zu sechst um einen runden Tisch, würden Kleinigkeiten essen und uns Geschichten erzählen. Diese Kneipe kann in Österreich, in der Schweiz oder in Deutschland liegen, der Wortlaut ist unzensiert in diesem Buch wiedergegeben.

Oder es ist – und da bin ich bei unserem Namen für die Reihe –, als schaue man in den nächtlichen Himmel und ließe sich von sechs funkelnden Sternen Geschichten erzählen ...

Viel Spaß! Und wenn Sie begeistert sind, vergessen Sie nicht: Es werden weitere spannende Themen folgen.

Rafik Schami
im Frühjahr 2015

Die Autorinnen und Autoren

Franz Hohler, 1943 in Biel geboren, aufgewachsen in Olten, studierte fünf Semester Germanistik und Romanistik in Zürich und arbeitet seither freischaffend für Bühne, Radio und Fernsehen. Er lebt mit seiner Frau in Zürich, schreibt Erzählungen, Romane, Gedichte, Kabarettprogramme, Theaterstücke und Kinderbücher. Zuletzt wurden von ihm veröffentlicht: *Immer höher* (Bergtexte, 2014), *Der Geisterfahrer* (gesammelte Erzählungen, 2013), *Gleis 4* (Roman, 2013), *Es war einmal ein Igel* (Kinderverse, 2011).

Root Leeb, 1955 in Würzburg geboren, studierte Germanistik, Philosophie und Sozialpädagogik. Sie arbeitete zwei Jahre als Deutschlehrerin für Ausländer, danach sechs Jahre als Straßenbahnfahrerin in München. Heute lebt sie als Autorin, Malerin und Zeichnerin in der Nähe von Mainz. Bei *ars vivendi* erschien 2001 *Mittwoch Frauensauna,* 2003 folgte *Tramfrau. Aufzeichnungen und Abenteuer der Straßenbahnfahrerin Roberta Laub,* 2012 ihr Roman *Hero. Impressionen einer Familie,* 2013 *Die dicke Dame und andere kurze Geschichten* und 2015 *Don Quijotes Schwester.*

Monika Helfer, 1947 in Au/Bregenzerwald geboren, lebt als Schriftstellerin mit ihrer Familie in Vorarlberg. Sie hat Romane, Erzählungen und Kinderbücher veröffentlicht, zuletzt *Bevor ich schlafen kann* (2010), *Oskar und Lilli* (2011) und *Die Bar im Freien – Aus der Unwahrscheinlichkeit der Welt* (2012). Gemeinsam mit Michael Köhlmeier veröffentlichte sie 2010 *Rosie und der Urgroßvater.* Für ihre Arbeiten wurde sie unter anderem mit dem Robert-Musil-Stipendium (1996) und dem Österreichischen Würdigungspreis für Literatur (1997) ausgezeichnet.

Michael Köhlmeier, 1949 in Hard am Bodensee geboren, lebt als Schriftsteller in Hohenems (Vorarlberg) und Wien. Er schreibt Kurzprosa, Lyrik, Bühnenstücke, Drehbücher sowie Hörspiele und hat zahlreiche Romane veröffentlicht, darunter *Abendland* (2007, Finalist beim Deutschen Buchpreis), *Madalyn* (2010) und *Die Abenteuer des Joel Spazierer* (2013). Mit *Zwei Herren am Strand* war er 2014 auf der Longlist für den Deutschen Buchpreis vertreten. Seine Werke sind in mehreren Sprachen erschienen. Ihm wurden etliche Literaturpreise verliehen, zuletzt der Walter-Hasenclever-Literaturpreis der Stadt Aachen 2014.

Nataša Dragnić, 1965 in Split (Kroatien) geboren, schloss nach dem Germanistik- und Romanistikstudium in Zagreb eine Diplomatenausbildung ab. Seit 1994 lebt sie in Erlangen und war viele Jahre als Fremdsprachen- und Literaturdozentin tätig. Ihr Debüt *Jeden Tag, jede Stunde* erschien in rund 30 Sprachen, ihr zweiter Roman *Immer wieder das Meer* wurde 2013 veröffentlicht. Nataša Dragnić erhielt den IHK-Kulturpreis der Stadt Nürnberg 2012, den August Graf von Platen Förderpreis 2013 und den italienischen Premio Fondazione Francesco Alziator 2013.

Rafik Schami, 1946 in Damaskus geboren, wanderte 1971 in die Bundesrepublik aus. Er studierte Chemie in Heidelberg und schloss sein Studium 1979 mit der Promotion ab. Heute zählt er zu den bedeutendsten Autoren deutscher Sprache. Seine Bücher erschienen in 27 Spra-

chen und wurden mit vielen Preisen ausgezeichnet, u. a. mit dem Hermann-Hesse-Preis, dem Chamisso-Preis, dem Nelly-Sachs-Preis und den Preis gegen das Vergessen und für Demokratie.
Seit 2002 ist Rafik Schami Mitglied der Bayerischen Akademie der Schönen Künste. Veröffentlichungen u. a.: *Eine Hand voller Sterne* (1987), *Erzähler der Nacht* (1989), *Die dunkle Seite der Liebe* (2004), *Damaskus im Herzen* (2006), *Das Geheimnis des Kalligraphen* (2008), *Eine deutsche Leidenschaft namens Nudelsalat* (2012) sowie, gemeinsam mit Root Leeb, *Die Farbe der Worte* (*ars vivendi*, Jubiläumsausgabe 2013).

Rafik Schami: Reisen - Kurzges